Cahier de dictées pour tous

Rédiger sans fautes !

Niveau 2

AGNÈS GRIMAUD

marcel**didier**

Les Éditions Marcel Didier reconnaissent l'aide financière du gouvernement du Canada par l'entremise du Programme d'aide au développement de l'industrie de l'édition (PADIÉ) pour leurs activités d'édition.

Édition: Loïc Hervouet
Révision linguistique: Michel Therrien
Correction d'épreuves: Christine Barozzi
Pictogramme de couverture: Yves Dumont
Maquette de couverture: Anne Tremblay
Conception graphique: Folio infographie
Réalisation de l'intérieur: Folio infographie et La boîte de Pandore

Copyright © 2009 Marcel Didier inc.

ISBN : 978-2-89144-484-2

Dépôt légal – 4e trimestre 2009
Bibliothèque et Archives nationales du Québec
Bibliothèque et Archives du Canada

Diffusion-distribution en Amérique du Nord:
Distribution HMH
1815, avenue De Lorimier
Montréal (Québec) H2K 3W6
Téléphone : 514 523-1523
Télécopieur : 514 523-9969
www.distributionhmh.com

Diffusion-distribution en Europe:
Librairie du Québec/DNM
30, rue Gay-Lussac
75005 Paris FRANCE
www.librairieduquebec.fr

Imprimé au Canada sur papier québécois à 100% recyclé

www.marceldidier.com

SOMMAIRE

② RÉINVESTISSEMENT

③ CORRIGÉ

DICTÉE D'ÉVALUATION 1

ORTHOGRAPHE LEXICALE ET GRAMMATICALE

Dictée 1 | Demandez à quelqu'un de vous lire la dictée 1 qui se trouve dans le corrigé, page 75, ou écoutez-la sur notre site Internet : www.marceldidier.com.

Banque de mots
Hochelaga-Maisonneuve   Granby   Mont-Royal   Viau   Deschamps

_____

_____

_____

_____

_____

_____

_____

_____

_____

_____

_____

_____

_____

_____

_____

_____

_____

_____

_____

_____

_____

_____

_____

_____

1. Écrire correctement le *c* devant une voyelle

RAPPEL

La lettre *c* se prononce « s » devant les voyelles *e, i* et *y*.
Ex. : **c**ellier, **c**inéma, **c**ygne.

La lettre *c* se prononce « k » devant les voyelles *a, o* et *u*.
Ex. : **c**arton, **c**ohue, **c**umin.

La cédille (ç) s'emploie uniquement devant les voyelles *a, o* et *u*, pour adoucir le son du *c*.
Le *c* se prononce alors « s ».
Ex. : fran**ç**ais, gar**ç**on, re**ç**u.

Pour obtenir le son « k » devant la voyelle *e*, il faut ajouter un *u* après la lettre *c*.
Ex. : re**cu**eil.

Attention

• Le son « keuil » s'écrit *cueil*. On écrit *recueil*, et non *recueuil* (redoublement du *u*) ou *receuil*
(*c* qui se prononce « s »).

• Les règles précédentes s'appliquent également aux verbes.
Ex. : je pla**c**e ; nous pla**ç**ons ; je re**ç**us ; nous re**ç**ûmes ; je **c**ueille ; nous **c**ueillons.

**Exercice 1 | Lisez les phrases à voix haute et indiquez dans chaque parenthèse si la lettre *c*
se prononce « s » ou « k ». Rétablissez ensuite les cédilles devant les voyelles *a, o* et *u* lorsque
le son du *c* doit être adouci.**

a) Cet échec **c**uisant (__) l'a rendu **c**ynique (__).

b) Cette re**c**ette (__) de salade ni**c**oise (__) est fa**c**ile (__) à préparer.

c) Nous mangeons de déli**c**ieuses (__) tartines à la **c**onfiture (__) d'abri**c**ots (__).

d) Le fian**c**é (__) de Bian**c**a (__) mena**c**a (__) d'annuler les fian**c**ailles (__).

e) Fran**c**ois (__) a donné rendez-vous à Fran**c**o (__) dans un **c**ybercafé (__).

f) Le ly**c**ée (__) fran**c**ais (__) de Mos**c**ou (__) recrute des rempla**c**ants (__).

g) Luc a **c**ueilli (__) des fraises, puis il les a déposées dans la bassine de **c**uivre (__).

h) J'ai aper**c**u (__) la fa**c**ade (__) toute lézardée de l'immeuble.

i) Dans la prochaine le**c**on (__), nous verrons comment accrocher un ver à l'hame**c**on (__).

j) Cé**c**ile (__) et **C**amille (__) ont des soup**c**ons (__).

k) En voulant s'évader, le for**c**at (__) récal**c**itrant (__) a glissé sur un lima**c**on (__).

l) Il grima**c**ait (__) chaque fois qu'un gla**c**on (__) heurtait sa dent sensible.

Exercice 2 | Soulignez les *c* qui sont mal écrits.

a) Je l'ai remerçié d'avoir rangé son capharnaüm.

b) Désarçonnée par la tournure des événements, Marie froncait les sourcils.

c) Préfères-tu un suçon à la menthe ou une sucette à la fraise ?

d) Des cygnes nageaient çà et là.

e) Ses perçeptions sont toujours tendançieuses.

f) L'encre de ce stylo est difficilement effacable.

g) Ses gerçures ont çicatrisé facilement.

h) Un troncon de l'autoroute 40 sera fermé pour cause de réparations.

Exercice 3 | Rétablissez les cédilles manquantes dans le texte suivant.

« Après l'exécution, on forgea sur le cadavre de la suppliciée cette singulière enveloppe, et l'on suspendit le tout au bras d'un immense gibet qu'on éleva sur les hauteurs de Lévis, au carrefour dont j'ai parlé plus haut.

On concoit quel sujet de terreur cette effrayante exhibition fut pour les habitants du lieu et pour les passants.

Ce cadavre encerclé de fer, que les oiseaux de proie et de nuit venaient déchiqueter, qui tendait lamentablement ses bras fantastiques à tous les horizons, et qui se balancait au vent en grincant à son crochet rouillé, fut bientôt le sujet de mille légendes plus ou moins noires.

La Corriveau descendait la nuit de sa potence et poursuivait les voyageurs attardés.

Quand l'obscurité était bien opaque, elle s'enfoncait dans le cimetière, et, vampire bardé de fer, elle assouvissait ses horribles appétits à même les tombes nouvellement fermées. »

Louis Fréchette, « La cage de la Corriveau », conte publié en 1885.

Exercice 4 | Complétez les phrases avec les choix de réponses proposés en marge.

a) On lui fit un _____ chaleureux.

b) L'homme déposa lentement sa _____ .

c) Le _____ se referma sur le corps enveloppé dans son _____ .

d) La _____ des pommes va bientôt commencer.

e) Il y a plein d'_____ près de ces côtes.

f) Ce _____ de poésie m'a beaucoup plu.

g) Nous avons _____ ces orgueilleux.

h) Nous _____ de délicieux champignons que nous déposons dans notre _____ .

a) accueil / acceil / accueil

b) cuillère / cullère / cullière

c) cercueil / cerceuil / cercueil
   linceul / lincueil

d) cueillette / ceulliette / cueillette

e) écueils / éceuils / écueuils

f) receuil / recueil / recueuil

g) accueilli / accueuilli / acceuilli

h) ceuillons / cueuillons / cueillons
   écueille / écuelle

2. Écrire correctement le *g* devant une voyelle

RAPPEL

La lettre *g* se prononce « je » devant les voyelles *e, i* et *y*.

Ex.: **g**elée, **g**irafe, **g**yrophare.

Pour obtenir le son « gue » devant les voyelles *e, i* et *y*, il faut ajouter un *u* après la lettre *g*.

Ex.: **gu**erre, **gu**illemet, **Gu**ylaine.

La lettre *g* se prononce « gue » devant les voyelles *a, o* et *u*.

Ex.: **g**are, **g**orille, ai**g**u.

Pour obtenir le son « je » devant les voyelles *a* et *o*, il faut ajouter un *e* après la lettre *g*.

Ex.: diri**ge**able, **ge**ôle, **Ge**orges.

Attention

• Certains mots d'origine étrangère ne respectent pas ces règles de prononciation.

Ex.: **g**eisha, call-**g**irl, hambur**g**er → le *g* se prononce « gue ».

• Les verbes se terminant par *-guer* conservent le *u* au participe présent, contrairement à l'adjectif dérivé de ces verbes (voir : 3. Distinguer le participe présent de l'adjectif verbal, pages 52 et 53).

Ex.: Ils courent, se fati**gu**ant inutilement. (participe présent)

Ce sont des corvées fati**g**antes. (adjectif)

Exercice 1 | Lisez les phrases à voix haute et indiquez dans chaque parenthèse si la lettre *g* se prononce « je » ou « gue ». Rétablissez ensuite le *e* devant les voyelles *a* et *o* lorsque le son du *g* doit être adouci, et le *u* devant les voyelles *e, i* et *y* lorsque le son du *g* doit être durci.

a) Le **g**_ai (_____) bleu chante **g**_aiement (_____).

b) Les ba**g**_ages (_____) des voya**g**_eurs (_____) ont été é**g**_arés (_____).

c) L'attitude arro**g**_ante (_____) et intransi**g**_ante (_____) de **G**_y (_____) lui a nui.

d) Dans la salle de bin**g**_o (_____), certains font des bla**g**_es (_____) pendant que d'autres font des échan**g**_es (_____).

e) Il y a eu une en**g**_eulade (_____) au beau milieu de l'a**g**_ora (_____).

f) La **g**_ymnaste (_____) a**g**_ile (_____) fournit des efforts ré**g**_uliers (_____).

g) Un pi**g**_on (_____) est perché sur le **g**_idon (_____) de la vieille bicyclette.

h) Les **g**_enons (_____) poussent des cris puissants pour éloigner les autres sin**g**_es (_____).

i) **G**_ermaine (_____) et **G**_érard (_____) font des plon**g**_ons (_____) verti**g**_ineux (_____).

j) Ce **g**_ôlier (_____) manque de ju**g**_ote (_____).

k) Un i**g**_uane (_____) se promène sur la **g**_alerie (_____).

l) L'estur**g**_on (_____) **g**_igantesque (_____) na**g**_e (_____) à contre-courant.

m) Ce **g**_este (_____) élé**g**_ant (_____) lui a permis de **g**_agner (_____) l'estime du public.

Exercice 2 | Soulignez les *g* qui ne sont pas écrits correctement.

a) Ces guardénias et ces bégonias ont plein de bourgons.

b) Je l'ai vagement reconnu parmi la foule des figurants.

c) Le régisseur est agacé par ces bruits dérangants.

d) Les élèves bougons ne veulent pas ouvrir leur manuel de conjuguaison.

e) Son language est grossier, son orgeil démesuré.

f) Ils exigent que nous respections nos enguagements.

g) À cette heure tardive, la fatige gagne les spectateurs.

h) Guageons que cette gigue réjouira les invités.

Exercice 3 | Complétez les phrases avec les choix de réponses proposés en marge.

a) Les enfants font du vélo en _____ .

b) Ce chemin étroit et _____ mène au sommet de la montagne.

c) Ce mystère _____ est loin d'être résolu.

d) Les courtisans n'aidaient pas leur cause en _____ .

e) L'enfant hurlait, _____ son entourage.

f) Stéphane s'est coupé en _____ cet arbre.

g) Ce cheval _____ vient de gagner la course.

a) zigzagant / zigzaguant

b) zigzagant / zigzaguant

c) intrigant / intriguant

d) intrigant / intriguant

e) fatigant / fatiguant

f) élagant / élaguant

g) fringant / fringuant

Exercice 4 | Rétablissez, lorsque c'est nécessaire, les *e* ou les *u* manquants pour que les *g* se prononcent correctement.

« Pendant de **long__es** secondes **ang__oissantes**, incapable de juger de la situation faute de voir les combattants, je reste là, muet, le cœur battant, à écouter les moindres bruissements que la forêt, tantôt **g__énéreuse** de sons, maintenant avare, veut bien me dispenser. Un glissement ici, un chuintement là, un friselis de la brise, un frelon d'insecte. Je me dis que cette attente est pire en frayeur que toute scène de combat. La seconde d'après, la mêlée éclate pour me prouver le contraire.

Au calme précédent succèdent les cris de **g__erre** ainsi que le claquement sinistre des flèches et des **zag__aies** qui se plantent dans les troncs et dans les chairs. Hurlements de haine et de douleur s'entrelacent tels les torons d'un **cordag__e**, appuyés de jurons caribes, renforcés d'injures, transformant cette terre qu'il y a une heure encore je comparais au paradis en une **g__éhenne** de souffrance et de mort.

Entre les **tig__es** qui me voilent la piste, les doigts refermés sur la mousse du sol comme le bébé **sing__e** accroché au **pelag__e** de sa mère, je vois passer les jambes d'un **g__errier** qui fuit. »

Camille Bouchard, *Pirates 1. L'Île de la Licorne*, Éditions Hurtubise, 2008.

3. Employer correctement les majuscules

RAPPEL

Règle générale

Les noms propres prennent toujours des majuscules.

L'adjectif précédant le nom propre prend une majuscule tandis que celui qui le suit n'en prend pas.

Ex.: les **G**rands Lacs, la **P**remière Guerre **m**ondiale, la Révolution **t**ranquille, le Mardi **g**ras.

Un adjectif lié au nom propre par un trait d'union prend toujours une majuscule.

Ex.: la **N**ouvelle-Angleterre, les Pays-**B**as, Aigle-**B**lanc, la **S**aint-Jean.

Les différentes catégories de noms propres

• Les noms, prénoms et surnoms de personnes, de personnages ou d'animaux prennent une majuscule.

Ex.: **M**arie **P**rovencher, **B**lanche-**N**eige, **F**ido, **E**lvis **P**resley, le **K**ing.

• Les noms de peuples ou d'habitants d'un lieu précis prennent une majuscule.

Ex.: les **Q**uébécois, les **A**méricains, les **M**ontréalais.

Les adjectifs dérivés de ces noms ne prennent pas de majuscule.

Ex.: une recette **q**uébécoise, le drapeau **a**méricain, une rue **m**ontréalaise.

• Les noms de divinités prennent une majuscule.

Ex.: **D**ieu, la **V**ierge **M**arie, **A**llah, **Y**ahvé, **J**upiter, **V**énus.

• En ce qui concerne les noms de saints, l'adjectif « saint » s'écrit avec une minuscule tandis que le nom du saint prend une majuscule.

Ex.: **s**ainte **C**écile, **s**aint **M**athieu.

• Les noms d'astres et de signes du zodiaque prennent une majuscule.

Ex.: le **S**oleil, la **L**une, **P**luton, le **C**ancer.

Les noms d'astres qui ne sont pas employés dans leur sens scientifique – pour désigner la planète, l'astre ou le satellite lui-même – s'écrivent avec une minuscule.

Ex.: Il veut lui décrocher la **l**une. Les vacanciers prennent un bain de **s**oleil.

• Les noms de fêtes prennent une majuscule.

Ex.: l'**H**alloween, **N**oël, la **S**aint-**V**alentin.

Exercice 1 | Rétablissez les majuscules.

pâques	saint jean-baptiste	les inuits	un disciple de bouddha
poséidon	une entreprise québécoise	milou	la planète saturne

Exercice 2 | Ajoutez ou supprimez les majuscules si nécessaire.

Quand j'étais enfant, ma mère me faisait frissonner en me lisant l'Histoire du Bonhomme sept heures, ce redoutable personnage des contes québécois. La légende de la corriveau était cependant celle qui me terrifiait le plus. Au nouvel an, mon Grand-père Julien nous racontait des récits de Loup-garou ainsi que des mythes Amérindiens. Il avait longuement côtoyé les abénaquis durant sa jeunesse. Je regardais la voie lactée par la fenêtre et j'imaginais entendre la voix du grand Esprit dans le souffle du vent. D'autres fois, je croyais plutôt voir le regard noir de satan lorsque Maman me répétait pour la trentième fois d'aller me coucher.

Les différentes catégories de noms propres (suite)

• Les noms d'événements et de périodes historiques prennent une majuscule.
Ex.: la Renaissance, la Belle Époque, la Grande Noirceur.

• Les noms d'édifices et de monuments historiques prennent une majuscule.
Ex.: le Ritz-Carlton, le Louvre.

Généralement, le nom commun qui permet de représenter l'objet s'écrit avec une minuscule.
Ex.: la statue de la Liberté, la colonne Nelson, la porte Saint-Jean.

Cependant, on écrit le *Château Dufresne* alors qu'on écrit le *château de Versailles*. En cas de doute, il vaut donc mieux faire une recherche sur l'orthographe exacte du monument.

• Les noms de lieux prennent une majuscule.
Ex.: Paris, Trois-Rivières, la Gaspésie, l'Afrique.

Le nom commun qui permet de représenter le lieu s'écrit avec une minuscule.
Ex.: le rocher Percé, le fleuve Saint-Laurent, la rue Jean-Talon, la place Jacques-Cartier.

• Les points cardinaux prennent une majuscule s'ils font partie du nom propre ou s'ils sont inclus dans le nom d'une voie de communication (rue, boulevard, etc.).
Ex.: l'Amérique du Nord, la rue Sainte-Catherine Est.

Ils prennent une minuscule lorsqu'ils indiquent une direction.
Ex.: à l'est de la rue Sainte-Catherine, le vent du nord.

Exercice 3 | Rétablissez les majuscules.

la nouvelle-france   le bas-canada   le moyen âge

le grand dérangement   la grande guerre   la deuxième guerre mondiale

l'irlande du nord   le mont albert   le boulevard saint-joseph est

le fjord du saguenay   la révolution tranquille   la place d'armes

Exercice 4 | Rétablissez les majuscules dans les extraits de texte ci-dessous.

a) « calgary, c'est autre chose. Il n'y a pas de ruelles ni de rues étroites, encore moins de dédales. Toutes les rues sont tirées à la règle, du nord au sud, et les avenues également de l'est à l'ouest. »

b) « L'est est un lieu mythique, avec des murs épais qui ont vu passer des générations et ont gardé le silence sur des crimes oubliés. Et c'est aussi, bien sûr, la patrie de mes auteurs préférés, lovecraft et edgar poe. »

c) « S'il y a un paysage étonnant entre terre-neuve et les rocheuses, c'est bien là qu'il se trouve. Les badlands, c'est comme un voyage dans le temps. C'est le plus grand cimetière de dinosaures au monde ! »

d) « Notre première visite a été pour le musée tyrrell de paléontologie. »

e) « Quelquefois, david me parle de québec, de boston, de ces villes de l'est, assez anciennes pour connaître les fantômes, pour avoir déjà leur mythologie et leurs peurs ancestrales, ensevelies sous les vieilles pierres. »

f) « Nous étions tous les trois, mike, david et moi, et j'étais complètement fasciné par ce paysage fantomatique. [...] J'avais l'impression d'être transporté sur la planète mars, ou dans une autre époque, une époque d'avant l'homme, et de déambuler dans une ville morte édifiée jadis par un peuple disparu... »

Laurent Chabin, *Nuits d'angoisse*, « Piège à conviction », Éditions Hurtubise, 2007.

Les différentes catégories de noms propres (suite)

• Les noms d'œuvres d'art, d'ouvrages et de journaux prennent une majuscule. Ils s'écrivent toujours en italique. Si le déterminant fait partie du titre, il prend également une majuscule.
Ex.: *La Joconde*, *Le Survenant*, *La Presse*.

Cependant, selon l'usage moderne, on met une majuscule seulement au premier mot du titre.
Ex.: *Un simple soldat*, *Le libraire*, *Homme invisible à la fenêtre*.

Cet usage ayant varié au fil du temps, certains titres font exception (*Le Petit Robert*, *Le Petit Prince*). En cas de doute, il vaut mieux faire une recherche pour déterminer l'orthographe exacte du titre.

• Quand il s'agit de noms d'institutions et d'organismes, seul le premier mot prend une majuscule.
Ex.: l'Assemblée nationale, l'École polytechnique, l'Office québécois de la langue française.

Quand il s'agit de noms de ministères, seul le nom qui spécifie le domaine du ministère prend une majuscule. Les adjectifs et les déterminants, eux, ne prennent pas de majuscule.
Ex.: Le ministère de la Culture, des Communications et de la Condition féminine ; le ministère de l'Éducation, du Loisir et du Sport.

Le nom commun qui précède le nom propre d'une institution prend une minuscule.
Ex.: le cégep Lionel-Groulx, l'institut Armand-Frappier.

Exercice 5 | Soulignez les majuscules fautives.

a) Roxanne est allée à la Bibliothèque La Petite-Patrie pour emprunter *Bonheur d'Occasion* et *Rue Deschambault* de Gabrielle Roy.

b) Marc travaille au Centre National de la Recherche Scientifique.

c) Hélène doit remplir, pour la première fois, une déclaration fiscale du Ministère du Revenu.

d) Ils sont membres de l'Union des Écrivaines et des Écrivains Québécois.

e) Durant son voyage en Espagne, Pierre s'est rendu au Musée Du Prado pour y admirer *Les Ménines* de Vélasquez.

f) Pour nous rendre au Centre Canadien D'Architecture, nous sommes descendus à la Station Guy-Concordia.

g) Il y a un article sur le réaménagement de la Place Des Arts dans *Le Journal De Montréal*, aujourd'hui.

h) Nous avons pique-niqué au bord de la Rivière Jacques-Cartier, dimanche. Marie avait apporté un vin de Nouvelle-Zélande.

i) À l'époque où j'habitais dans la Ville de Fermont, les longs hivers me laissaient tout le temps nécessaire pour lire des romans-fleuves, comme *À La Recherche Du Temps Perdu*.

j) La Secrétaire d'État aux Affaires Étrangères s'est rendue en Suède la semaine dernière.

Exercice 6 | Rétablissez les majuscules s'il y a lieu.

« Les canadiens sont aujourd'hui un peuple de cultivateurs dans un climat rude et sévère. Il n'a point en cette qualité les manières élégantes et fastueuses des populations méridionales, et ce langage qui semble sortir de cette nature légère et intarissable qu'on ne connaît point dans les hautes latitudes de notre globe. Mais il a de la gravité, du caractère et de la persévérance. Il l'a montré depuis qu'il est en amérique, et nous sommes convaincu que ceux qui liront son histoire avec justice et bonne foi, avoueront qu'il s'est montré digne des deux grandes nations aux destinées desquelles son sort s'est trouvé ou se trouve encore lié.

Au reste, il n'aurait pu être autrement sans démentir son origine. normand, breton, tourangeau, poitevin, il descend de cette noble race qui marchait à la suite de guillaume le conquérant, et dont l'esprit enraciné ensuite en angleterre, a fait de cette petite île une des premières nations du monde ; il vient de cette france qui marche à la tête de la civilisation européenne depuis la chute de l'empire romain, et qui dans la bonne comme dans la mauvaise fortune, se fait toujours respecter ; qui sous ses charlemagne comme sous ses napoléon ose appeler toutes les nations coalisées dans des combats de géants ; il vient surtout de cette vendée normande, bretonne, angevine dont le monde respectera toujours le dévouement sans bornes pour les objets de ses sympathies royales et religieuses, et dont le courage admirable couvrira éternellement de gloire le drapeau qu'il avait levé au milieu de la révolution française. »

François-Xavier Garneau, *Histoire du Canada depuis sa découverte jusqu'à nos jours*, imprimé par John Lovell, tome IV, 1852.

B. ORTHOGRAPHE GRAMMATICALE

1. Distinguer les homophones verbe / nom

RAPPEL

Certains verbes et les noms qui en sont dérivés se prononcent de la même façon, mais s'écrivent différemment. Plusieurs confusions sont ainsi possibles entre le **verbe** *ralentir* et le **nom** *ralenti* comme le montre l'exemple ci-dessous.

Ex.: nom → *ralenti*

verbe → *je ralentis, tu ralentis, elle ralentit* (présent)

je ralentis, tu ralentis, il ralentit (passé simple)

ralenti (participe passé)

ralentis (impératif présent)

Pour identifier le verbe *ralentir*, on peut le conjuguer à un autre temps.

Ex.: il **ralentit** (présent) → il **ralentissait** (imparfait), il **ralentira** (futur).

Pour identifier le nom *ralenti*, on peut faire une des opérations suivantes :

• remplacer le déterminant qui accompagne ce nom par un autre déterminant ;

Ex.: **un** ralenti → **des** ralentis, **ces** ralentis.

• ajouter un adjectif devant ou après le nom.

Ex.: un ralenti → un **beau** ralenti, un ralenti **ennuyeux**.

Voici la liste des principaux homophones verbe / nom. Une liste plus complète est disponible au www.marceldidier.com.

HOMOPHONES VERBE / NOM		
Infinitif	Verbe au présent	Nom
accueillir	il accueille	un accueil
appeler	elle appelle	un appel
calculer	il calcule	un calcul
conseiller	elle conseille	un conseil
crier	il crie	un cri
désirer	elle désire	un désir
employer	il emploie	un emploi
ennuyer	elle ennuie	un ennui
essayer	il essaie	un essai
garantir	elle garantit	une garantie
oublier	il oublie	un oubli
rappeler	il rappelle	un rappel
réveiller	elle réveille	un réveil
saluer	il salue	un salut
secourir	elle secourt	un secours
soupirer	il soupire	un soupir
travailler	elle travaille	un travail
vivre	il vit	une vie
voler	elle vole	un vol

Exercice 1 | Conjuguez le verbe à la 1ʳᵉ personne du singulier du présent de l'indicatif, puis trouvez le nom homophone correspondant.

Ex.: éclairer → j'éclaire / un éclair

a) discourir: _____ / un _____

b) éclaircir: _____ / une _____

c) envoyer: _____ / un _____

d) exclure: _____ / un(e) _____

e) geler: _____ / un _____

f) soutenir: _____ / un _____

g) substituer: _____ / un(e) _____

h) transférer: _____ / un _____

i) affluer: _____ / un _____

j) convertir: _____ / un (e) _____

k) manquer: _____ / un _____

l) skier: _____ / un _____

m) masquer: _____ / un _____

n) étiqueter: _____ / une _____

o) crier: _____ / un _____

p) entretenir: _____ / un _____

Exercice 2 | Encerclez à chaque fois le bon homophone verbe / nom.

a) La foule leur a demandé un **rappel / rappelle** après leur **salut / salue**.

b) J'**interview / interviewe** le gagnant du **concours / concourt**.

c) Jean **balai / balaie** sa chambre et son frère **tri / trie** le linge à laver.

d) Vous m'avez donné un mauvais **conseil / conseille** et cela m'a causé un grand **ennui / ennuie**.

e) Il **démenti / démentit** fermement la rumeur selon laquelle le **convoi / convoie** humanitaire avait été attaqué.

Exercice 3 | Corrigez, s'il y a lieu, les mots en gras.

En avril, Alex relèvera le **défie** (_____) de traverser une partie du Québec et de l'Ontario par le sentier Transcanadien. Il **calcule** (_____) que ce **parcourt** (_____) lui prendra de nombreuses semaines. Il ne se **souci** (_____) pas de l'effort physique qu'il devra déployer. Par contre, il craint de devoir endurer quelques périodes de **gel** (_____). Ce périple, qu'il **désire** (_____) effectuer depuis longtemps, va lui permettre de recueillir des fonds pour la Société canadienne du cancer. Cet **appuie** (_____), il le donne du fond du cœur sur les **conseilles** (_____) de sa mère qui est en rémission d'un cancer du sein.

2. Distinguer les homophones *on*, *on n'* et *ont*

RAPPEL

• En raison de la liaison faite à l'oral, on confond souvent le pronom personnel *on* et la forme négative *on n'*.

Ex.: **On a** bien mangé. (phrase positive)

On n'a pas bien mangé. (phrase négative)

Pour s'assurer qu'une phrase est négative, on regarde si un autre marqueur de négation accompagne le *n'* (mis pour *ne* devant une voyelle ou un *h* muet). Il existe plusieurs marqueurs de négation : *pas*, *plus*, *rien*, *aucun*, *nul*, *ni*, *guère*, *jamais*…

Ex.: On **n'**en veut **plus**. On **n'a aucune** envie d'y aller.

Par ailleurs, on peut remplacer le pronom personnel *on* par *il* ou *elle* afin de distinguer l'élément *ne*.

Ex.: **Il n'a** pas bien mangé. **Elle n'a** pas réussi son concours.

• Le pronom personnel *on* et le verbe *avoir* conjugué à la 3ᵉ personne du présent (*ils ont*) sont aussi des homophones.

Pour identifier le pronom personnel *on*, on le remplace par un autre pronom personnel ou par un nom propre.

Ex.: **On** rit souvent. **Je** ris souvent. **Bernard** rit souvent.

Pour identifier le verbe *avoir*, on le conjugue à un autre temps.

Ex.: ils **ont** (présent) → ils **avaient** (imparfait), ils **auront** (futur).

Exercice 1 | Soulignez tous les marqueurs de négation et rétablissez la négation *n'* si nécessaire.

a) Depuis cet événement, on ___ a jamais su ce qu'il était devenu.

b) Les secours sont arrivés à temps et on ___ a pu le sauver.

c) On ___ a aucune information sur les possibilités d'hébergement et on ___ a nulle part où aller.

d) On ___ a plus l'énergie ni la volonté de s'opposer à cette décision qu'on ___ a longtemps combattue.

e) On ___ a point l'intention de vendre l'entreprise et on ___ a un plan pour la conserver.

Exercice 2 | Barrez la négation *n'* lorsque c'est nécessaire.

a) Hier, on n'a pu le remplacer, mais heureusement on n'aura pas à le faire aujourd'hui.

b) Jamais on n'a vu tomber autant de neige. On n'a pris de superbes photos.

c) Même si on n'envie leur succès, on n'a pas l'intention de les imiter.

d) On n'a reporté notre rendez-vous à plus tard.

e) On n'envisage guère de lui mentir, car on n'a pas envie de le blesser.

Exercice 3 | Écrivez _on_ ou _ont_.

a) Dans les vignobles de la Montérégie, _____ a cueilli des raisins qui _____ un goût exquis.

b) Doit-_____ encore répéter que ces rumeurs n'_____ aucun fondement ?

c) Éric et Lucie _____ emménagé ensemble et _____ les a aidés à déménager.

d) Les parents _____ fait de la motoneige tandis que les enfants _____ skié.

e) _____ n'y peut rien si les élèves _____ oublié de rendre les livres à la bibliothèque.

f) _____-ils noté le nom de l'endroit où l'_____ doit se retrouver ?

g) Elles _____ visité le Vieux-Québec et _____ aimé se promener dans ses rues.

h) _____ saura bientôt s'ils _____ fait leur choix.

i) Sophie et Martin _____ décidé de partir au Portugal, ils _____ pris leurs billets d'avion hier.

j) Plus _____ est de fous, plus _____ rit.

Exercice 4 | Complétez le texte avec _on_, _on ne_ ou _ont_.

« Puis [Basile] s'interrompit en ce moment pour prendre

Son calumet de terre et le charbon fumant

Qu'Évangéline allait lui porter poliment.

Et bientôt il ajouta : "Je n'aime point pour hôtes

"Ces navires anglais mouillés près de nos côtes.

"Leurs énormes canons qui sont braqués sur nous

"Ne nous annoncent point les desseins les plus doux ;

"Mais quels sont ses desseins ! sans doute qu'_____ l'ignore.

"_____ sait bien qu'il faudra quand la cloche sonore

"Appellera le peuple à l'église demain,

"S'y rendre pour entendre un mandat inhumain ;

"Et ce mandat, dit-_____, émane du roi George.

"Or, plus d'un paysan soupçonne un coupe-gorge.

"Tous sont fort alarmés et se montrent craintifs !"

Le fermier répondit : — "De plus justes motifs

"_____ sans doute amené ces vaisseaux sur nos rives :

"La pluie, en Angleterre, ou les chaleurs hâtives

"_____ peut-être détruit les moissons sur les champs,

"Et pour donner du pain à leurs petits enfants,

"Et nourrir leurs troupeaux, les grands propriétaires

"Viennent chercher les fruits de nos fertiles terres."

"Au bourg l'_____ dit rien d'une telle raison,

"Mais l'_____ pense autrement", reprit le forgeron. »

Henry Wadsworth Longfellow, _Évangéline_, traduction de Pamphile Le May imprimée par P. G. Delisle, 1870.

3. Distinguer les homophones *soi*, *sois*, *soit* et *soient*

RAPPEL

On confond souvent le pronom personnel *soi*, la conjonction *soit* et le verbe *être* conjugué au subjonctif présent : *que je sois, que tu sois, qu'il soit, qu'elles soient.*

Ex.: Ici, c'est chacun pour **soi**. (pronom personnel)

Il arrivera vendredi prochain, **soit** le 12 décembre. (conjonction)

J'attends que Stéphane **soit** sûr de venir avant de réserver les billets d'avion. (subjonctif présent)

• Pour identifier le pronom personnel *soi*, on le remplace par le pronom personnel *soi-même*.

Ex.: Ici, c'est chacun pour **soi**.

→ Ici, c'est chacun pour **soi-même**.

• Pour identifier la conjonction *soit*, on la remplace par l'une de ces deux conjonctions : *ou bien* ou *c'est-à-dire*.

Ex.: Il arrivera vendredi prochain, **soit** le 12 décembre.

→ Il arrivera vendredi prochain, **c'est-à-dire** le 12 décembre.

Il faut terminer **soit** le devoir de chimie, **soit** celui de français.

→ Il faut terminer **ou bien** le devoir de chimie, **ou bien** celui de français.

• Pour identifier un verbe au subjonctif présent, on le conjugue au même mode, mais à la 1re ou à la 2e personne du pluriel. Par ailleurs, ce mode est toujours introduit par *que* ou par une locution formée avec *que*: *afin que, avant que, bien que, sans que, malgré que, si bien que, quoi que…*

Ex.: J'ai insisté afin que Stéphane **soit** averti. (subjonctif présent)

→ J'ai insisté afin que nous **soyons** avertis. (subjonctif présent, 1re personne du pluriel)

→ J'ai insisté afin que vous **soyez** avertis. (subjonctif présent, 2e personne du pluriel)

Exercice 1 | **Indiquez dans chaque parenthèse si le mot en gras est un pronom, une conjonction ou un verbe.**

a) Être **soi** (_____) est une qualité, mais n'aimer que **soi** (_____) est un défaut.

b) Les entraîneurs se prononceront sur ces nouveaux équipements à condition qu'ils se **soient** (_____) consultés auparavant.

c) Vous devez vous rendre à la cafétéria, **soit** (_____) au sous-sol de l'aile Sauvé.

d) Le fait que Sophie **soit** (_____) diplômée en littérature lui permettra **soit** (_____) d'être enseignante, **soit** (_____) d'être écrivaine.

e) Où que l'on **soit** (_____), il vaut mieux garder ses papiers importants sur **soi** (_____).

f) Arrivé à l'orée du bois, il faut tourner **soit** (_____) à gauche pour prolonger la promenade d'une heure, **soit** (_____) à droite pour rentrer.

g) Avoir confiance en **soi** (_____) est nécessaire pour réussir dans ce métier.

h) Julie est rentrée un mois plus tard que Stéphane, **soit** (_____) à la mi-juin.

Attention

Au subjonctif présent, le verbe *être* a la même prononciation aux trois personnes du singulier ainsi qu'à la 3e personne du pluriel. Il faut donc prendre soin de bien identifier le sujet afin d'écrire correctement la terminaison du verbe.

Ex.: J'irai au vernissage à condition que **je** so**is** invité.

Robert ira au vernissage à condition qu'**il** so**it** invité.

Mes parents iront au vernissage à condition qu'**ils** so**ient** invités.

Certaines expressions formées avec le subjonctif présent du verbe *être* accompagné d'un pronom impersonnel (*il*) ou d'un pronom démonstratif (*ce* signifiant *cela*) sont invariables.

Ex.: quoi qu'**il** en so**it**, quoi que **ce** so**it**, qui que **ce** so**it**.

Exercice 2 | Indiquez dans chaque parenthèse si le mot en gras est un pronom, une conjonction ou un verbe. Corrigez-le s'il y a lieu.

Mélodie, du haut de ses trois ans, lance continuellement des «non» retentissants. Hier après-midi, **soi** _____ (_____) à seize heures pile, elle a même refusé de la mousse au chocolat. Elle a voulu se raviser aussitôt, cela va de **soi** _____ (_____). Hélas! Sa mère lui a répondu: «Ma puce, **soi** _____ (_____) tu dis "oui", **soi** _____ (_____) tu dis "non". Mais quoi qu'il en **soi** _____ (_____), tu ne peux pas dire "oui" et "non" à la fois!» Mélodie, qui ne manque pas de confiance en elle, n'a pas abandonné la partie et, d'un air espiègle, elle a demandé: «Si je te dis "peut-être", vas-tu m'en donner?»

Exercice 3 | Écrivez la bonne terminaison du verbe *être* au subjonctif présent.

a) Bien qu'elles soi___ neuves, ces bottes prennent l'eau.

b) Le cardinal s'est envolé avant que je soi___ capable de le photographier.

c) Mathilde a emprunté la voiture sans que sa mère en soi___ informée.

d) Les médecins t'ont permis de faire ce voyage à condition que tu soi___ de retour dans deux semaines.

e) Il faut impérativement que tous les invités soi___ là quand Claire arrivera.

Exercice 4 | Corrigez, s'il y a lieu, les mots en gras.

a) En voyage, avoir son passeport sur **soit** (_____) est nécessaire si quoi que ce **soi** (_____) arrive.

b) Je t'appelle **soi** (_____) après la réunion, **soi** (_____) au cours de la soirée afin que tu **sois** (_____) au courant des derniers développements.

c) André et Monique se sont tus de peur que leurs idées **sois** (_____) mal reçues.

d) Prions pour que les humoristes **soit** (_____) distrayants et que le public **soient** (_____) bienveillant.

4. Distinguer les homophones *qui l'*, *qu'il* et *qu'ils*

RAPPEL

• Le pronom relatif *qui* peut être suivi du pronom personnel *l'*. Ce pronom remplit alors la fonction de complément direct (CD) du verbe.

Ex.: C'est toi qui as nommé **Martine** à ce poste.

                CD du verbe (Tu as nommé *qui* ? → *Martine*.)

    C'est toi qui **l'**as nommée à ce poste.

        CD du verbe (*l'* remplace *Martine*)

• De son côté, la conjonction *que* s'élide devant les pronoms à la 3e personne : *qu'il* et *qu'ils*.

Ex.: C'est toi **qu'il** a nommé à ce poste.

Ainsi *qui l'*, *qu'il* et *qu'ils* se prononcent de la même manière mais ont des sens complètement différents.

Ex.: C'est toi **qui l'**as nommée à ce poste. (Tu as nommé Martine.)

    C'est toi **qu'il** a nommé à ce poste. (Il t'a nommé toi.)

    C'est toi **qu'ils** ont nommé à ce poste. (Ils t'ont nommé toi.)

Pour savoir s'il s'agit de la conjonction *que* accompagnée du pronom *il* ou *ils*, on remplace ce pronom par son équivalent féminin (*elle* ou *elles*).

Ex.: Je sais **qu'il** a beaucoup apprécié son voyage.

    → Je sais **qu'elle** a beaucoup apprécié son voyage.

    Les athlètes nous ont avisés **qu'ils** seront en retard.

    → Les athlètes nous ont avisés **qu'elles** seront en retard.

Pour identifier la construction *qui l'*, on met le pronom personnel au pluriel.

Ex.: Le roman policier **qui l'**a passionné vient de remporter un prix prestigieux.

    → Le roman policier **qui les** a passionnés vient de remporter un prix prestigieux.

Attention

Pour identifier un complément direct (CD) du verbe, on pose la question *qui* ? ou *quoi* ?

Ex.: Le feu qui a réduit en cendres **l'école** était accidentel.

                 CD du verbe (Le feu a réduit en cendres *quoi* ? → *l'école*.)

   Le feu qui **l'**a réduite en cendres était accidentel.

      CD du verbe (*l'* remplace *l'école*)

Exercice 1 | Écrivez *qui l'*, *qu'il* ou *qu'ils*.

a) Où _____ aillent, on les accueille toujours à bras ouverts.

b) Nous irons à la pêche, _____ pleuve ou _____ vente.

c) La chance _____ a fui pendant tant d'années lui sourit enfin.

Exercice 2 | Soulignez la terminaison du verbe qui suit le *que* élidé (*qu'*). Écrivez ensuite le pronom correspondant *il* ou *ils*.

a) La collection de prêt-à-porter qu'_____ dessine sera présentée à des acheteurs new-yorkais.

b) Le plat qu'_____ préfèrent est le couscous royal.

c) Les élèves de la classe ont présenté des exposés sur les personnalités qu'_____ admirent.

d) Les revenus qu'_____ déclare au fisc ne sont pas ceux qu'_____ gagne réellement.

e) Qu'_____ proteste ou non, il ira tout de même en retenue.

f) Les plats qu'_____ cuisine sont délicieux.

Exercice 3 | Écrivez *qui l'*, *qu'il* ou *qu'ils*.

a) Il y a toujours un monde entre ce _____ disent et ce _____ font.

b) Comment Thomas a-t-il pu surmonter la peine _____ a envahi après le décès de son fils ?

c) La maladie _____ a combattue l'a laissé fort affaibli.

d) Les arbres centenaires _____ entourent procurent beaucoup de fraîcheur à cette somptueuse demeure.

e) Les friandises _____ préfère sont celles qui goûtent la réglisse.

f) La joie _____ a tenu éveillé une partie de la nuit cède finalement sa place à la fatigue.

Exercice 4 | Corrigez, s'il y a lieu, les mots en gras dans les deux textes suivants.

a) « Pendant ces scènes attendrissantes, le vieux chien Mordfort qui avait grondé sourdement en voyant cet étranger, avait bien vite flairé son ancien maître ; le pauvre animal avait pardonné depuis longtemps à Charles la blessure **qu'il** (_____) lui avait faite en partant, et **qu'il** (_____) avait rendu boiteux ; et il s'était attaché à sa jambe, en poussant des hurlements de joie. »

Patrice Lacombe, *La terre paternelle*, 1846.

b) « … Non : je n'ai jamais eu de trouble avec les Sauvages ; je me suis toujours bien accordé avec eux. Ceux de la Mistassini et de la rivière d'icitte je les connais presque tous, parce **qu'il** (_____) venaient chez nous avant la mort de mon père.

« Voyez-vous : il chassait souvent l'hiver, quand il n'était pas aux chantiers, et un hiver **qu'il** (_____) était dans le haut de la Rivière-aux-Foins, seul, voilà qu'un arbre **qu'il** (_____) abattait pour faire le feu a faussé en tombant, et ce sont des Sauvages **qu'il** (_____) ont trouvé le lendemain par aventure, assommé et à demi gelé déjà, malgré que le temps était doux. Il était sur leur territoire de chasse, et ils auraient bien pu faire semblant de ne pas le voir et le laisser mourir là ; mais ils l'ont chargé sur leur traîne et rapporté à leur tente, et ils l'ont soigné. »

Louis Hémon, *Maria Chapdelaine*, 1914.

5. Distinguer les homophones *sans*, *s'en*, *sens* et *sent*

RAPPEL

On confond souvent la préposition *sans*, la construction *s'en* (pronom personnel *se* élidé devant le pronom *en*) et le verbe *sentir* conjugué au présent (*je sens*, *tu sens*, *il sent*).

Ex.: Marion t'appellera pour ton anniversaire si elle **s'en** souvient.

   Il est parti **sans** donner de préavis.

   Je **sens** qu'il y a anguille sous roche.

• Pour identifier *se* dans sa forme élidée, on remplace le pronom personnel de la 3e personne (*se*) par le pronom personnel de la 1re personne (*me*).

Ex.: Il y avait une erreur dans le rapport, mais il **s'**en est aperçu trop tard.

   → Il y avait une erreur dans le rapport, mais je **m'**en suis aperçu trop tard.

• La préposition *sans* exprime la privation, l'exclusion d'une personne ou d'une chose. Pour la reconnaître, on peut le plus souvent la remplacer par son contraire *avec*.

Ex.: Mon fils est sorti dehors **sans** ses mitaines.

   → Mon fils est sorti dehors **avec** ses mitaines.

La locution conjonctive *sans que* exprime quant à elle une idée de concession négative. Elle impose l'utilisation du subjonctif.

Ex.: Le piéton a été happé par la moto **sans qu'**il l'ait vue venir.

• Pour identifier le verbe *sentir*, on le conjugue à un autre temps.

Ex.: il sen**t** (présent) → il sent**ait** (imparfait), il senti**ra** (futur).

Attention

Il faut repérer le sujet pour écrire correctement la terminaison du verbe *sentir*.

Ex.: **Je** sens l'odeur de la soupe.

   Tu sens bon.

   La taie d'oreiller sent la lavande.

Exercice 1 | Complétez les phrases suivantes à l'aide de *s'en* ou *sans*.

a) La jeune héritière dépense _____ compter et elle _____ moque.

b) Si Chloé lui parle _____ qu'il se soit calmé, elle _____ mordra les doigts.

c) Il vaut _____ doute mieux choisir ce produit _____ colorant.

d) Ces hors-la-loi sont _____ peur et _____ reproche.

e) Cet écosystème est menacé et les écologistes _____ préoccupent grandement.

f) Le canot dérivait lentement, _____ qu'on _____ rende compte.

g) Il est parti _____ laisser d'adresse.

h) Isabelle _____ occupera demain, _____ faute.

Exercice 2 | Soulignez le sujet du verbe *sentir*, puis écrivez la bonne terminaison de ce verbe au présent.

a) Je ne me sen_____ vraiment pas bien.

b) Le chien renifleur sen_____ le vêtement que son maître lui tend.

c) Sen_____-tu cette horrible odeur d'œufs pourris ?

d) Charlotte sen_____ que ses parents lui cachent la vérité.

e) On sen_____ que le temps se gâte.

f) Dans une telle situation, tu sen_____ qu'il vaut mieux ne pas insister.

g) Après quatre heures de marche, je sen_____ que mon pied droit me fait de plus en plus mal.

Exercice 3 | Complétez les phrases avec les homophones *sans*, *s'en*, *sens* ou *sent*.

a) Ils _____ remettent à vous _____ aucune inquiétude.

b) Je me _____ beaucoup mieux _____ toute cette pression.

c) Tout cela _____ mauvais et je _____ que je vais me retirer de cette affaire.

d) Si tu _____ que tu dois abandonner ce projet, fais-le _____ délai.

e) Vincent part étudier en Angleterre _____ _____ faire parce que sa sœur va s'occuper de son appartement pendant son absence.

Exercice 4 | Corrigez, s'il y a lieu, les mots en gras dans les deux textes suivants.

a) « Aurèle prend part aux préparatifs. Chacun **sans** (_____) son inquiétude et nous nous employons à le réconforter. […]

Maréchal ouvre la marche. […] Ainsi, à la file indienne, nous formons un étrange cortège tandis que nous nous enfonçons lentement dans la forêt, **sans** (_____) un regard en arrière.

Il neige de plus en plus. […] Le temps est maussade et le vent nous tourmente. Il faut avancer **sans** (_____) cesse si nous ne voulons pas geler. […]

— *Goddam ! My feet are frozen !* Je ne les **sans** (_____) plus, lance McAllister avec une pointe de colère dans la voix. »

Michel Noël, *Altitude zéro*, « La ligne de trappe », Éditions Hurtubise, 2005.

b) Mes enfants adorent les tempêtes hivernales. Ils se précipitent dehors **sans** (_____) attendre. Le plus jeune fait un bonhomme de neige et il se **sans** (_____) particulièrement fier lorsqu'il lui plante une énorme carotte en guise de nez. Le plus vieux insiste pour sortir **sans** (_____) son pantalon de ski alors qu'il **sans** (_____) va glisser avec ses copains. Même le chien **sans** (_____) mêle. Il **sans** (_____) la neige et la pousse du museau comme s'il cherchait un os. Puis il aboie **sans** (_____) retenue en pourchassant les flocons qui tombent dru.

6. Distinguer les homophones *quand*, *quant* et *qu'en*

RAPPEL

On confond souvent les mots *quand*, *quant* et la construction *qu'en* (*que* élidé devant le mot *en*).

Ex.: **Quand** l'automne arrive, les bernaches migrent.

    Quant à Sylvie, elle apportera une salade.

    Je ne tricote **qu'en** regardant la télévision.

• Pour identifier le mot *quand*, on le remplace par *lorsque* ou *à quel moment*.

Ex.: **Quand** tu insistes autant, tu dépasses les bornes.

    → **Lorsque** tu insistes autant, tu dépasses les bornes.

    Quand arriveront-ils ?

    → **À quel moment** arriveront-ils ?

Attention

Lorsque le mot *quand* est utilisé comme adverbe interrogatif, la phrase se termine toujours par un point d'interrogation.

Ex.: **Quand** arriveront-ils **?**

• Pour identifier le mot *quant*, on peut faire l'une des opérations suivantes :

– vérifier si on entend la liaison, car *quant* est toujours suivi de *à*, *au* ou *aux* ;

Ex.: **Quant à** mon abonnement, je ne souhaite pas le renouveler.

– remplacer *quant à* par l'expression *en ce qui concerne*.

Ex.: **En ce qui concerne** mon abonnement, je ne souhaite pas le renouveler.

• Pour identifier la construction *qu'en*, on peut la prononcer sans élision (*que en*), puis vérifier que le mot qui suit nécessite d'être introduit par *en*.

Ex.: Il se peut **qu'en** vacances, je fasse de l'équitation.

    → Il se peut **que, en** vacances, je fasse de l'équitation. (On dit *être en vacances*.)

    La construction de l'immeuble s'achèvera en juin plutôt **qu'en** mars.

    → La construction de l'immeuble s'achèvera en juin plutôt **que en** mars. (On dit *en mars*.)

Exercice 1 | Écrivez *quand* ou *quant*. Si vous choisissez le mot *quant*, indiquez par un trait la liaison avec la préposition (*à*) ou le déterminant (*au* ou *aux*) qui l'accompagne.

    a) Je me demande _____il sera opportun de lui annoncer la nouvelle.

    b) Les médecins ont été honnêtes _____aux chances de réussite du traitement.

    c) _____il neige à Noël, c'est magique alors que _____il neige en avril, c'en est trop !

    d) _____au bouquet que vous m'avez envoyé, il est magnifique.

    e) Tu sais, _____à moi, je ne pense pas aller à cette fête.

Exercice 2 | Complétez les phrases avec _quand_ ou _quant à_.

a) Dieu sait _____ il aura sa réponse !

b) _____ vous, vous témoignerez _____ le moment sera venu.

c) _____ la cloche de la récréation sonne, les élèves se précipitent dans la cour.

d) _____ l'échéancier, il ne sera malheureusement pas respecté.

e) Les voleurs ont pris peur _____ ils ont entendu les sirènes des voitures de police.

f) _____ toi, tu ne perds rien pour attendre !

g) _____ il pleut, nous jouons à des jeux en attendant que ça passe.

Exercice 3 | Complétez les phrases avec _quand_, _quant à_ (_au_, _aux_) ou _qu'en_.

a) Le cycliste a freiné _____ il s'est aperçu qu'il avait perdu une sacoche.

b) Julie a tant de livres qu'elle ne sait plus _____ faire.

c) _____ penses-tu terminer la rédaction de ton roman ?

d) J'aime mieux voyager en autobus plutôt _____ voiture.

e) Retire la crème du feu _____ elle frémit. _____ reste de la recette, je m'en occupe.

f) _____ conséquences que pourraient avoir vos gestes, il vaut mieux bien y réfléchir.

g) _____ moi, je ne sais pas _____ je pourrai emménager dans ma nouvelle maison.

h) Le concierge affirme _____ tout temps les portes de l'auditorium sont restées verrouillées.

i) _____ reste du groupe, il nous rejoindra cet après-midi.

j) _____ Sébastien pense _____ quelques heures il aurait pu terminer son devoir, il regrette de n'avoir pas été plus persévérant.

k) _____ on a besoin d'elle, elle est toujours présente.

Exercice 4 | Corrigez, s'il y a lieu, les mots en gras.

Quant (_____) Paul s'est inscrit à ce cours d'entomologie, il ignorait **quand** (_____) même temps qu'il découvrirait cette vie minuscule, il rencontrerait le grand amour. **Quant** (_____) à Sophie, elle ne se doutait pas non plus **quand** (_____) étudiant les coléoptères, elle allait trouver un partenaire. **Qu'en** (_____) elle raconte comment ils se sont courtisés, Sophie plaisante :

— **Quand** (_____) j'ai attrapé Paul dans mes filets, j'ai aussitôt pensé que c'était un spécimen rare.

Paul, qui ne manque pas d'humour, réplique :

— **Qu'en** (_____) à moi, j'en ai profité pour scruter Sophie à la loupe.

Quand (_____) à la suite de cette histoire, aujourd'hui encore, les deux tourtereaux filent le parfait amour. **Quand** (_____) ils prennent des vacances, ils voyagent toujours dans des pays tropicaux remplis d'insectes fabuleux.

7. Distinguer les homophones *leur* et *leurs*

RAPPEL

Il est parfois difficile de déterminer si le mot *leur* s'écrit au singulier ou au pluriel.

• Le pronom personnel *leur* reste invariable. Pour l'identifier, on le remplace par le pronom *lui*. Lorsque la phrase est au pluriel, il est nécessaire de la modifier afin qu'elle soit grammaticalement correcte.

Ex.: Je **leur** ai dit de se taire.

→ Je **lui** ai dit de se taire.

Ils ont oublié les clefs du chalet : il faudra les **leur** rendre.

→ **Il a oublié** les clefs du chalet : il faudra les **lui** rendre.

• Le pronom possessif *leur* varie en nombre seulement. Pour l'identifier, on le remplace par un autre pronom possessif (*le sien*, *la sienne*, *les siens*, *les siennes*) tout en faisant les modifications grammaticales nécessaires.

Ex.: J'ai mis ma bouteille de vin au frais. Elles ont laissé **la leur** sur le comptoir.

→ J'ai mis ma bouteille de vin au frais. Elle a laissé **la sienne** sur le comptoir.

Ils considèrent ces enfants comme si c'était **les leurs**.

→ Il considère ces enfants comme si c'était **les siens**.

• Le déterminant *leur* varie en nombre seulement. Pour l'identifier, on le remplace par un autre déterminant (*son*, *sa*, *ses*) tout en faisant les modifications grammaticales nécessaires.

Ex.: **Leur** cousine est passée les voir.

→ **Sa** cousine est passée le voir.

Ils ont invité tous **leurs** cousins.

→ Il a invité tous **ses** cousins.

Le déterminant *leur* se met au singulier lorsqu'il peut être remplacé par *son* ou *sa*. Il se met au pluriel quand il peut être remplacé par *ses*.

Ex.: Ils ont acheté **leur** maison l'an dernier.

→ Il a acheté **sa** maison l'an dernier.

Les arbres ont perdu **leurs** feuilles.

→ L'arbre a perdu **ses** feuilles.

Attention

Dans certains cas, il faut se fier au sens de l'énoncé afin de savoir si le déterminant *leur* s'accorde ou non.

Ex.: Les Dubeau sont fiers de **leur** petit-fils.

→ Il est fier de **son** petit-fils. (Les Dubeau n'en ont qu'un seul.)

Les Dubeau sont fiers de **leurs** petits-fils.

→ Il est fier de **ses** petits-fils. (Les Dubeau en ont plusieurs.)

Exercice 1 | Indiquez dans chaque parenthèse si *leur* est un pronom personnel ou un pronom possessif. Corrigez-le ensuite s'il y a lieu.

a) La mère de ces faons est morte et il a fallu **leur** _____ (_____) donner le biberon.

b) Tu es mécontent, mais le **leur** _____ (_____) as-tu signifié ?

c) Nous avons respecté notre part du marché et nous souhaitons qu'ils respectent la **leur** _____ (_____).

d) Les responsables de la Croix-Rouge **leur** _____ (_____) ont envoyé des vivres et des couvertures afin que tous les **leur** _____ (_____) soient à l'abri.

e) Ces colis sont-ils vraiment les **leur** _____ (_____) ? Si oui, pourquoi ne les **leur** _____ (_____) as-tu pas encore livrés ?

Exercice 2 | Complétez les phrases avec les choix de réponses proposés en marge.

a) Ces restaurateurs doivent _____
à _____ du terroir.

b) Il y avait une centaine d'invités à _____
et trois cents à _____ .

c) Ils n'ont pas daigné lever _____
de _____ .

d) Les élèves de cette classe désespèrent
tous _____ , particulièrement
_____ de musique.

a) leur réputation / leurs réputations
leur mets / leurs mets
b) leur fiançaille / leurs fiançailles
leur mariage / leurs mariages
c) leur œil / leurs yeux
leur journal / leurs journaux
d) leur enseignant / leurs enseignants
leur enseignant / leurs enseignants

Exercice 3 | Corrigez, s'il y a lieu, les mots en gras.

« Pour me lancer dans l'exigeante et passionnante aventure de l'écriture d'un roman, j'ai besoin d'une émotion forte. […] Il en est de même pour mes personnages. Ce sont des gens que je connais ou que j'ai tout simplement croisés dans mes pérégrinations. Ils m'ont marqué par **leur__ personnalité__**, **leur__allure__physique__**, **leur__manie__**, **leur__nom__** ou encore **leur__ prénom__**. Je m'inspire de ces éléments tirés du réel pour façonner mes personnages et concevoir mes aventures. […]

J'ai ainsi le privilège de rencontrer et de tisser des liens d'amitié durables avec des hommes et des femmes plus grands que nature. Ces personnages, chacun à **leur__façon__**, nourrissent mes amours, me soutiennent dans mes passions et alimentent mon imaginaire. Je **leur__** dois d'être ce que je suis aujourd'hui et je **leur__** en suis reconnaissant. »

Michel Noël, *Altitude zéro*, « Avant-propos », Éditions Hurtubise, 2005.

DICTÉE D'ÉVALUATION 2

ACCORDS ET CONJUGAISON

Dictée 2 | **Demandez à quelqu'un de vous lire la dictée 2 qui se trouve dans le corrigé, page 81, ou écoutez-la sur notre site Internet : www.marceldidier.com.**

Banque de mots
Daveneau   satan   cramoisi   topaze

C. ACCORDS EN GENRE ET EN NOMBRE

1. Accorder les adjectifs de couleur

RAPPEL

• Les adjectifs de couleur simples s'accordent en genre et en nombre avec le nom qu'ils qualifient.

Ex.: des yeux bleu**s**, des cheveux blond**s**, des chemises vert**es**.

• Les adjectifs de couleur dérivés d'un nom sont invariables à l'exception des adjectifs *écarlate*, *fauve*, *incarnat*, *mauve*, *pourpre* et *rose*.

Ex.: des yeux **azur**, des cheveux **marron**, des chemises **pastel**.
    des cheveux **fauves**, des chemises **mauves**.

• Les adjectifs de couleur composés de plusieurs mots sont toujours invariables.

Ex.: des yeux **gris acier**, des cheveux **noir de jais**, des cieux **bleu-gris**.

Attention

Un adjectif dérivé d'un autre adjectif de couleur s'accorde en genre et en nombre avec le nom qu'il qualifie.

Ex.: des feuillages **olive** → des feuillages olivâtre**s**.
    des teintes **violettes** → des teintes violacé**es**.

Exercice 1 | **Déterminez si les adjectifs de couleur de la liste ci-dessous s'accordent ou non, puis classez-les dans le tableau.**

citron	argenté	beige	brun	doré	incarnat	ivoire
orange	orangé	rouge	or	rouge tomate	roux	saumon
jaune	jaune pâle	noiraud	turquoise	vert amande	violacé	

Adjectifs de couleur variables	Adjectifs de couleur invariables

Exercice 2 | Accordez, s'il y a lieu, les adjectifs en gras.

a) Au printemps, ces collines sont **verdoyant___** .

b) Dans l'armée, la plupart des uniformes sont **kaki___** ou **bleu___ marine___** .

c) Ses lèvres **vermeil___** et ses cheveux **brun___ foncé___** constrastent avec la pâleur de son teint.

d) Le soleil donne des reflets **nacré___** aux voiles **blanc___** des bateaux qui voguent sur les ondes **bleu___-vert___** .

e) La journée s'achevait et, déjà, les nuages prenaient des teintes **pourpre___** et **incarnat___** .

f) La colère **noir___** qui le dévorait ravivait les lueurs **fauve___** de ses yeux.

g) Ses bas **bleu___** contrastent avec ses chaussures **anthracite___** .

h) Cette nature morte est réalisée dans des tons **pastel___** : les nuances **vert___ tendre___** alternent avec les teintes **bleu___ pâle___** et **jaune___ clair___** pour créer une douce harmonie.

i) Des nuages **noir___** roulaient au-dessus du lac qui avait pris des teintes **gris___ acier___** . Des éclairs **blanc___** zébraient l'horizon.

Exercice 3 | Corrigez, s'il y a lieu, les adjectifs en gras.

Les compagnies de peinture rivalisent d'ingéniosité pour attirer les consommateurs. Ainsi, elles n'offrent plus aux clients de simples couleurs telles que des tons **bleus** (_____), **grèges** (_____), **oranges** (_____) ou **rouges** (_____). Choisir une teinte devient désormais un véritable défi. Les murs de la salle à manger seront-ils **cuivré** (_____), **pêche** (_____) ou **corail** (_____)? Votre adolescent souhaite des tons **bleu** (_____) pour décorer sa chambre. Oui, mais préfère-t-il une ambiance **bleue turquoise** (_____) ou une ambiance **bleu urbain** (_____)? Les goûts et les couleurs ne se discutent pas… Cela n'a jamais été aussi vrai!

Exercice 4 | Accordez, s'il y a lieu, les adjectifs en gras.

«Quand j'ouvris les paupières, les filets de lumière **rosé___** s'infiltrant par les fissures des volets de ma fenêtre striaient joliment la pénombre de ma chambre. […] Au-dehors, leurs murs de crépi **blanc___** chapeautés de longues pierres d'ardoise, apparaissaient et disparaissaient entre les volets **bleu___** des fenêtres. […] Les deux maisons se distinguaient surtout par la tenue de leurs jardins. Des alignements de poiriers, de pruniers et de pommiers entouraient celle de mes parents tandis que chez tante Geneviève, des fleurs de toutes sortes s'ajoutaient à son impressionnante collection de rosiers. Tante Geneviève cultivait les roses pour leur beauté et leurs vertus médicinales : certaines, **rouge___** et **jaune___** , jaillissaient du tapis des campanules **bleu___** le long des allées, d'autres, **pourpre___** , grimpaient aux murs de la maison tandis qu'une gerbe **rose___ pâle___** cascadait sur le muret de pierre autour de la propriété. Autant dire qu'il y en avait partout!»

Nicole Fyfe-Martel, *Hélène de Champlain 1. Manchon et dentelle*, Éditions Hurtubise, 2003.

2. Accorder les noms composés liés par un trait d'union

RAPPEL

Les règles d'accord des noms composés au pluriel sont nombreuses et dépendent de la nature des mots qui forment ces noms.

En règle générale, seuls les noms et les adjectifs employés dans un nom composé prennent la marque du pluriel.

• Si le nom composé est formé de deux noms ou encore d'un nom et d'un adjectif, les deux éléments s'accordent.

Ex.: un oiseau-mouche → des oiseaux-mouches. (nom + nom)

    une basse-cour → des basses-cours. (adjectif + nom)

• Si le nom composé est formé à partir d'un nom et d'un verbe ou d'un nom et d'un mot invariable (adverbe ou préposition), seul le nom s'accorde.

Ex.: un cure-dent → des cure-dents. (verbe + nom)

    une avant-garde → des avant-gardes. (adverbe + nom)

    un en-tête → des en-têtes. (préposition + nom)

• Si le nom composé est formé de deux verbes ou d'un verbe et d'un adverbe, il est invariable.

Ex.: un savoir-faire → des savoir-faire. (verbe + verbe)

    un couche-tard → des couche-tard. (verbe + adverbe)

• Si le nom composé est formé de trois mots, seul le premier nom s'accorde.

Ex.: un cul-de-sac → des culs-de-sac. (nom + préposition + nom)

Exercice 1 | Dans chaque nom composé suivant, encerclez, s'il y a lieu, le ou les mots qui doivent prendre la forme du pluriel.

amour-propre	arrière-pensée	voiture-restaurant	longue-vue	bouche-trou
camion-citerne	chef-d'œuvre	contre-expertise	couvre-pied	essuie-tout
état-major	laisser-aller	bec-de-lièvre	ouï-dire	avant-goût
rouge-gorge	sourd-muet	tire-bouchon	Tout-Puissant	oiseau-mouche

RECTIFICATIONS ORTHOGRAPHIQUES

Selon l'orthographe traditionnelle, il faut également se fier au sens du mot afin de déterminer s'il prend ou non la marque du pluriel.

Ex.: un aide-mémoire → des aide-mémoire. (Ce qui aide à rappeler certains renseignements à sa mémoire.)

un après-midi → des après-midi. (après l'heure de midi)

un timbre-poste → des timbres-poste. (Des timbres qui servent à l'envoi par la poste.)

Toutefois, la nouvelle orthographe recommande de faire abstraction du sens du mot dans les noms composés d'un verbe et d'un nom ou encore d'une préposition et d'un nom. Il suffit de toujours mettre le nom au pluriel quand le nom composé est au pluriel.

Ex.: un aide-mémoire → des aide-mémoires. (verbe + nom)

un après-midi → des après-midis. (préposition + nom)

Exercice 2 | Cochez, dans la liste suivante, les noms composés qui sont visés par les rectifications orthographiques lorsqu'on les met au pluriel.

- ❏ année-lumière
- ❏ après-rasage
- ❏ avant-midi
- ❏ chasse-neige
- ❏ hors-piste

- ❏ nid-de-poule
- ❏ pause-café
- ❏ porte-malheur
- ❏ rabat-joie
- ❏ cure-dent

- ❏ contre-allée
- ❏ trouble-fête
- ❏ rince-bouche
- ❏ coupe-papier
- ❏ sous-ministre

Exercice 3 | Accordez, s'il y a lieu, les mots en gras. S'il s'agit d'un nom composé dont l'accord au pluriel est modifié par les rectifications orthographiques, les deux graphies (traditionnelle et nouvelle) seront acceptées. Inscrivez-en cependant une seule.

a) Ces **serre-tête** (_____) sont ravissants.

b) Durant les **pause-café** (_____), les **va-et-vient** (_____) sont nombreux.

c) Il est compréhensible que l'on trouve des **pied-de-biche** (_____) et des **porte-poussière** (_____) dans une quincaillerie. Mais que dire des **sous-verre** (_____) et des salières ?

d) Ils ont dû prendre des décisions **crève-cœur** (_____) lorsque la subvention du centre pour les **sans-abri** (_____) n'a pas été renouvelée.

e) L'arbitre a signalé de nombreux **hors-jeu** (_____) au cours de la partie de hockey.

f) Les opinions des syndiqués sont à des **année-lumière** (_____) de celle de l'employeur.

g) Les **pied-d'alouette** (_____) sont des fleurs magnifiques.

DES EXCEPTIONS NOTABLES

Si le premier élément du nom composé se termine par un *i*, un *a* ou un *o*, seul le nom s'accorde.

Ex. : une tragi-comédie → des tragi-comédie**s**.

un micro-ordinateur → des micro-ordinateur**s**.

Si le nom composé est formé du mot *garde*, ce mot varie s'il désigne une personne. Il est alors considéré comme un nom.

Ex. : un garde-malade → des garde**s**-malade**s**. (Des personnes qui s'occupent des malades.)

Par contre, lorsque le mot *garde* désigne un objet, il est alors considéré comme un verbe et demeure invariable.

Ex. : un gard**e**-robe → des gard**e**-robe**s**. (Des placards où on garde les robes.)

Exercice 4 | Si l'on écrit les noms composés suivants au pluriel, le premier élément est-il variable ou invariable ? Cochez la bonne réponse.

	Variable	Invariable
a) mini-golf	❏	❏
b) électro-encéphalogramme	❏	❏
c) garde-boue	❏	❏
d) garde-chasse	❏	❏
e) garde-fou	❏	❏
f) garde-magasin	❏	❏
g) garde-manger	❏	❏
h) garde-port	❏	❏
i) néo-Québécois	❏	❏
j) ultra-pression	❏	❏
k) Anglo-Saxon	❏	❏

Exercice 5 | Complétez les phrases avec les choix de réponses proposés en marge.

a) Les _____ de ces assemblées sont toujours de précieux _____ .

b) Les enfants s'amusent avec des _____ .

c) N'oubliez pas de remplir vos _____ .

d) Ces _____ sont inoffensifs.

e) Cet encadreur offre un grand choix de _____ .

a) procès-verbal / procès-verbals / procès-verbaux compte-rendus / comptes-rendus

b) cerf-volant / cerfs-volant / cerfs-volants

c) coupon-réponse / coupons-réponse / coupons-réponses

d) micro-organisme / micro-organismes / micros-organismes

e) passe-partout / passes-partout / passe-partouts

Exercice 6 | Accordez, s'il y a lieu, les noms composés en gras. S'il s'agit d'un nom composé dont l'accord au pluriel est modifié par les rectifications orthographiques, les deux graphies (traditionnelle et nouvelle) seront acceptées. Inscrivez-en cependant une seule.

Tous les membres de la famille avaient participé à cette mémorable vente-débarras, les **beau-frère** (_____) et les **petit-cousin** (_____) compris. Mes oncles Gérald et Yvon s'étaient déguisés en **homme-sandwich** (_____) pour faire de la publicité dans les **arrière-cour** (_____) qui donnaient sur la ruelle. Les livres usagés s'empilaient tels des **gratte-ciel** (_____). Il y avait des **bas-culotte** (_____) encore emballés, des **abat-jour** (_____) poussiéreux, des **coupe-vent** (_____), des **appareil-photo** (_____)... Ma foi, nous aurions pu remplir deux **semi-remorque** (_____) avec tous ces objets. Nous aurions aussi pu garnir de très nombreux **garde-manger** (_____) : ma mère avait préparé des biscuits qu'elle servait soit avec de la limonade, soit avec des **café-crème** (_____). Plus tard, elle nous offrit des **hors-d'œuvre**. Ma sœur et moi, nous nous occupions des **tiroir-caisse** (_____) que nous avions fabriqués dans des boîtes de carton. Mes cousines dessinaient des **arc-en-ciel** (_____) sur le mur du garage. Et les badauds étaient ravis. Même si les **lève-tôt** (_____) avaient raflé les articles les plus intéressants, il n'en restait pas moins qu'en fin de matinée, il y avait encore de bons achats à faire.

RECTIFICATIONS ORTHOGRAPHIQUES

Selon l'orthographe traditionnelle, certains noms composés prennent la marque du pluriel au singulier en raison de leur signification.

Ex. : un compte-gouttes, un porte-documents, un sèche-cheveux.

L'orthographe rectifiée recommande qu'un nom composé au singulier ne prenne jamais la marque du pluriel.

Ex. : un compte-goutte, un porte-document, un sèche-cheveu.

Exercice 7 | Corrigez, s'il y a lieu, les noms composés en gras pour qu'ils soient conformes aux recommandations de la nouvelle orthographe.

Dans la dernière boîte, j'ai mis pêle-mêle tous les objets qui traînaient encore dans la maison : un **coupe-ongles** (_____), un **casse-noisettes** (_____), un **porte-balais** (_____), un **presse-agrumes** (_____), deux **abat-jours** (_____), sept **presse-papiers** (_____) et un vieux **couvre-pieds** (_____), hérité de mon arrière-grand-mère. Puis j'ai écrit « divers » dessus, pour me souvenir, en arrivant, que ce ne serait pas la boîte la plus facile à vider...

3. Accorder *demi*, *semi* et *mi*

RAPPEL – *demi*

• Lorsque *demi* est joint par un trait d'union à un autre nom ou à un adjectif, il reste invariable.

Ex.: une **demi**-vérité (*demi* + nom), du lait **demi**-écrémé (*demi* + adjectif).

Par contre, le nom ou l'adjectif lié à *demi* est variable.

Ex.: des demi-vérité**s**, des laits demi-écrémé**s**.

• L'expression *à demi* est invariable. Elle s'utilise sans trait d'union devant un adjectif alors que le trait d'union est nécessaire devant un nom. Elle peut aussi être employée seule après un verbe.

Ex.: des fenêtres **à demi** ouvertes (*à demi* + adjectif),

parler **à demi**-voix (*à demi* + nom),

faire les choses **à demi** (verbe *faire* + *à demi*).

• Dans l'expression *et demi*, le mot *demi* varie seulement en genre avec le nom auquel il se rapporte.

Ex.: minuit et dem**i**, deux années et dem**ie**.

• Les noms *demi* et *demie* prennent la marque du pluriel. Leur sens varie selon le contexte.

Ex.: La serveuse dépose des demi**s** sur la table. (des verres de bière)

Les demi**s** du camp adverse ont fort bien joué. (les joueurs d'une équipe sportive)

Cette horloge sonne aussi aux demie**s**. (des demi-heures)

Pour identifier les noms *demi* et *demie*, on peut faire une des opérations suivantes:

– remplacer le déterminant qui accompagne ce nom par un autre déterminant;

Ex.: **des** demis → **un** demi, **aux** demies → **à la** demie.

– ajouter un adjectif (une caractéristique) devant ou après le nom.

Ex.: les demis du camp adverse → les **excellents** demis, les demis **excellents**.

Exercice 1 | Dans les phrases suivantes, le mot *demi* est-il variable ou invariable ?
Cochez le bon choix de réponse.

	Variable	Invariable
a) Ce demi est un joueur prometteur.	❏	❏
b) Cette frayeur l'a laissée demi-morte.	❏	❏
c) C'est un billet demi-tarif.	❏	❏
d) Julie a trois ans et demi.	❏	❏
e) Il est sept heures et demie.	❏	❏
f) L'autobus passe à chaque demie.	❏	❏
g) La visite dure une demi-heure.	❏	❏
h) Le fauve est à demi assoupi.	❏	❏
i) Mon demi-frère vit à Paris.	❏	❏

RAPPEL – *semi* et *mi*

Les mots *semi* et *mi* sont invariables et joints à un nom ou à un adjectif par un trait d'union.

Ex.: une **semi**-voyelle (*semi* + nom), une rose **mi**-éclose (*mi* + adjectif).

Par contre, le nom ou l'adjectif lié à *semi* et *mi* est variable.

Ex.: des semi-voyelle**s**, des roses mi-éclose**s**.

Attention

Certaines locutions formées avec *mi* s'emploient uniquement au singulier. Ces locutions sont généralement introduites par *à*.

Ex.: *à mi-chemin, à mi-côte, à mi-course, mi-figue mi-raisin.*

Exercice 2 | Complétez les phrases avec les choix de réponses proposés en marge.

a) Jean fabrique ses bijoux avec des pierres _____ .

b) Jade a fait couper ses superbes cheveux. Elle a désormais une coiffure _____ .

c) Ses excuses nous laissent _____ .

d) Ces armes _____ sont dangereuses.

e) Ils ont rebroussé chemin à _____ .

f) À _____ , il était déjà presque essoufflé.

g) _____ , _____ , les enfants entrèrent dans la maison déserte, baignée par le clair de lune.

h) Elle s'adossa confortablement dans son fauteuil, les yeux _____ , savourant la chaleur réconfortante qui émanait du poêle à bois.

a) semi-précieuse / semi-précieuses / semis-précieuses

b) mi-longue / mi-longs / mis-longs

c) mi-figue mi-raisin / mi-figues mi-raisins

d) semi-automatiques / semies-automatiques

e) mi-côte / mi-côtes / mies-côtes

f) mi-courses / mi-course / mie-course

g) Mi-intrigués / Mis-intrigués mi-effrayé / mi-effrayés

h) mis-clos / mi-clos

Exercice 3 | Accordez, s'il y a lieu, les mots en gras.

Marthe est **semi__**-retraitée depuis la **mi__**-mai. Elle fait du bénévolat deux **demi__**-journées par semaine dans un musée. Elle s'y rend les mardis et les jeudis, de neuf heures et **demi__** à une heure et **demi__**. Quand elle a du temps, elle admire les tableaux peints en **demi__**-teintes. Les murs de certaines salles sont ornés de magnifiques **demi__**-colonnes de plâtre. Certains artefacts particulièrement précieux sont gardés dans des vitrines éclairées à **demi__**. Marthe aime entendre les visiteurs parler à **demi__**-voix. Parfois, elle dîne au café du musée avec une autre bénévole. Elles y commandent le menu du jour ainsi qu'une **demi__**-bouteille de vin blanc.

4. Accorder *même*

Le mot *même* ne varie pas en genre ; par contre, il prend la forme du pluriel : *mêmes*.

• Quand il s'agit d'un adverbe, *même* est invariable. Il signifie alors *aussi*, *y compris* ou *précisément*.

Ex. : Tous prendront l'autobus, **même** ceux qui n'habitent pas loin. (*Même* signifie *y compris*.)

Ses parents, ses amis **même**, s'inquiètent pour Nadia. (*Même* signifie *aussi*.)

L'accident a eu lieu ici **même**. (*Même* signifie *précisément*.)

• Lorsque *même* est précédé d'un déterminant (*la*, *le*, *les*, *un*, *une*, *ces*…), il appartient à la classe des adjectifs ou à celle des pronoms. Dans les deux cas, il s'accorde au pluriel si le déterminant est lui-même au pluriel.

Ex. : Il porte toujours **ces mêmes** cravates. (*Mêmes* est un adjectif qui qualifie le nom *cravates*.)

Ce sont toujours **les mêmes** qui dérangent le groupe. (*Mêmes* est un pronom indéfini, sujet du verbe *dérangent*.)

Exercice 1 | Écrivez correctement le mot *même*.

a) Ses frères ont _____ figuré dans le documentaire qu'il vient de tourner.

b) Mes parents ont toujours partagé les _____ valeurs.

c) Les fermiers ont _____ labouré certains terrains qui ne leur appartenaient pas.

d) Plusieurs années après la fin de son secondaire, elle avait gardé le _____ cercle d'amis et les _____ ennemis.

e) _____ en courant, vous n'arriverez pas à le rattraper.

f) Ces chiens sont joueurs, ce qui les rend _____ parfois insupportables.

g) Les _____ causes mènent aux _____ conséquences.

h) Malgré le mauvais temps, _____ les retardataires ont atteint le sommet avant la nuit.

i) Après toutes ces années, ils n'étaient plus les _____ .

j) C'est à cet endroit _____ que nous nous sommes rencontrés.

Lorsque *même* suit immédiatement un nom, il peut être difficile de savoir s'il s'agit d'un adverbe ou d'un adjectif. Dans les phrases au pluriel, il devient difficile de déterminer si le mot s'accorde ou non.

• Pour identifier l'adverbe *même*, qui reste invariable, on le remplace par *aussi*.

Ex. : Ces enfants **même** sont courageux. → Ces enfants **aussi** sont courageux.

• Pour identifier l'adjectif *même*, qui varie en nombre, on ajoute devant *elles* ou *eux*.

Ex. : Ces enfant**s** mêmes sont courageux. → Ces enfants **eux-mêmes** sont courageux.

Exercice 2 | **Accordez, s'il y a lieu, les mots en gras. Encerclez la lettre correspondant aux phrases dans lesquelles il est possible d'écrire *même* au singulier ou au pluriel.**

a) Annie et Clara se sont acheté les **même**__ boucles d'oreille.

b) Ces paroles **même**__ sont méprisantes.

c) Cet exploit ne peut être répété que par les alpinistes **même**__ qui l'ont réussi la première fois.

d) Il existe des communautés francophones aux États-Unis **même**__ .

e) Ils n'ont pas déballé leurs cadeaux, car ils savaient que c'étaient les **même**__ que ceux de l'année dernière.

f) Les élèves, **même**__ les plus studieux, ont été distraits par cet évènement.

g) Les filles et **même**__ les garçons se déhanchent sur ces rythmes endiablés.

h) Les patrons **même**__ doivent suivre les règles.

i) Leurs cours de natation ont lieu aux **même**__ heures, dans ces murs **même**__ .

j) Ils sont demeurés modestes, **même**__ parvenus au faîte de leur gloire.

Exercice 3 | **Accordez, s'il y a lieu, les mots en gras.**

a) Mon père nous a répondu à mon frère et à moi : « Faites-le vous-**même**__ . »

b) Marcel a lui-**même**__ fait les rénovations de son sous-sol.

c) En tant que mères, nous sommes nous-**même**__ fort **concerné**__ au sujet de la sécurité routière autour de l'école du quartier.

d) Cher ami, je n'en ai parlé qu'à vous-**même**__ .

e) Ils s'accusent eux-**même**__ .

f) Avoue-le ! Toi-**même**__ , tu y as cru !

g) « Nous sommes nous-**même**__ **persuadé**__ que notre client se rendra à la justice », admit l'avocat.

LOCUTIONS AVEC *MÊME*

Lorsque le mot *même* fait partie d'une locution, il est toujours invariable.

Ex.: *à même, cela revient au même, de même, de même que, du pareil au même, même si, quand même, sans même, tout de même…*

Le mot *même* suivi de la négation *pas* reste également invariable.

Ex.: Ils ne se sont **même pas** avancés pour les saluer.

Exercice 4 | Corrigez, s'il y a lieu, les mots en gras.

a) Dans la cour, il y a deux jeunes chats, toujours les **même** (_____), qui se cachent et se poursuivent en miaulant.

b) Ils ont fait face aux **même** (_____) difficultés que prévu et ont pris les **même** (_____) décisions.

c) Les illustrations, **mêmes** (_____) les mieux réussies, ne convenaient pas à ce genre de récit.

d) Couchées à **mêmes** (_____) le sol, elles ont passé une mauvaise nuit dans cette vieille maison ouverte aux quatre vents.

e) Tu n'as **même** (_____) pas goûté au gâteau que j'ai préparé pour toi !

f) Cet antiquaire rachète **même** (_____) les meubles qui sont en très mauvais état.

g) Laissés à **eux-même** (_____), ils ont appris rapidement à se débrouiller.

h) Comme vous le constaterez par **vous-mêmes** (_____), ma chère, cette ville ne manque pas de divertissements.

Exercice 5 | Corrigez, s'il y a lieu, les mots en gras.

Même (_____) après nos vives protestations, les horaires des trains n'avaient pas été modifiés. C'était absurde que le service cesse à 18 heures **mêmes** (_____) les fins de semaine. Les raisons pour lesquelles les responsables de la compagnie ferroviaire ne voulaient pas accéder à notre demande étaient toujours les **mêmes** (_____) : trop coûteux, pas assez d'employés… Heureusement, ces **même** (_____) personnes allaient **elle-même** (_____) changer d'avis quand **mêmes** (_____) les notables de notre petite ville finirent par prendre notre parti.

Pour moi, cependant, ces modifications furent du pareil **aux mêmes** (_____) : mon père refusa obstinément que je sorte, **même** (_____) accompagnée de mon frère aîné. Il essaya d'appliquer ces règles avec les jumelles, qui étaient **elle-même** (_____) beaucoup plus délurées que moi. Elles n'allaient quand **mêmes** (_____) pas se laisser faire et elles lui désobéirent à la première occasion ! Papa trouva un moyen plein de finesse pour ne pas perdre la face. Ainsi, je pus finalement sortir les samedis soirs, non pas chaperonnée par mon frère, mais chaperonnant **moi-même** (_____) mes jeunes sœurs…

Exercice 6 | Lisez les extraits de romans suivants, puis complétez les phrases avec les choix de réponses proposés en marge.

a) « Les mèches dorées de ses cheveux châtains et son teint hâlé parlaient _____ : Ludovic vivait au-dehors. »

b) « La poursuite de mon éducation m'obsédait au point que _____ mes pratiques d'escrime devinrent prétextes à l'acquisition de savoirs. »

c) « Ludovic perdait rarement le contrôle de ses humeurs, _____ ses colères étaient tempérées, l'expérience me l'avait rudement appris. »

d) « _____ les moments les plus difficiles, comme ceux que vous traversez, _____ ceux-là me sont aujourd'hui de précieux souvenirs. »

e) « Des larmes couvrirent mes yeux. Je m'étais habituée aux larmes, elles m'étaient devenues de fidèles compagnes. Je les laissai couler jusqu'à ce qu'elles s'arrêtent _____ . »

f) « — Ces feuillets seront distribués sur la place de la Grève cet après-midi _____ ! »

g) « — Taisez-vous, Ludovic ne riez pas de… de ces choses, les châtiments, les punitions qui font souffrir et peuvent _____ tuer ! »

h) « — Ce qu'il y a d'incroyable, c'est que là-bas, au Nouveau Monde, je voyais exactement _____ étoiles. Leurs positions différaient, certes, mais c'étaient _____ . »

i) « — Les gendarmes, ils ne sont pas si malins que ça ! clama subitement Isabeau. T'as vu, Mathurin, ils n'ont _____ pas de fusil ! »

j) « Noémie et tante Geneviève se retournèrent d'un coup, observèrent le gâchis, échangèrent un regard complice et émirent un _____ éclat de rire. »

k) « Il ne sera pas dit qu'un cocher de mousquetaire soit incapable de retrouver un enfant perdu dans une foire de paysans ! Cette petite ne s'est _____ pas envolée en fumée ! »

Choix de réponses
a) de lui-même / d'eux-mêmes
b) même / mêmes
c) même / mêmes
d) Même / Mêmes même / mêmes
e) d'elle-même / d'elles-mêmes
f) même / mêmes
g) même / mêmes
h) la même / les mêmes la même / les mêmes
i) même / mêmes
j) mêmes / même
k) tout de même / tous de mêmes

Nicole Fyfe-Martel, *Hélène de Champlain 1. Manchon et dentelle*, Éditions Hurtubise, 2003.

5. Accorder *tout*

RAPPEL – *tout* adverbe

Quand il s'agit d'un adverbe, le mot *tout* est invariable la plupart du temps. Il signifie alors *totalement*. Ex.: Les bêtes étaient **tout** excitées.

Cependant, pour des raisons d'euphonie, il s'accorde en genre et en nombre devant les adjectifs féminins qui commencent par une consonne ou un *h* aspiré (un *h* qui ne permet pas de faire une liaison). Voici une série d'exemples à lire à voix haute.

Ex.: Les vendeuses sont tou**tes c**onfiantes. (accord devant un adjectif féminin qui commence par une consonne)

Les mitaines sont encore tout **h**umides. (invariable devant un adjectif féminin qui commence par un *h* muet)

Elle revient de Cuba et elle est tout**e h**âlée. (accord devant un adjectif féminin qui commence par un *h* aspiré)

La consultation du dictionnaire reste le meilleur moyen de vérifier si un mot commence par un *h* aspiré. Certains dictionnaires mentionnent la présence d'un *h* aspiré. D'autres indiquent simplement qu'avec le mot recherché, il n'y a pas de liaison possible.

Exercice 1 | Accordez, s'il y a lieu, les mots en gras.

a) Cette personne est **tout**___ surprise de ce qui lui arrive.

b) La bibliothécaire est **tout**___ entière dévouée à sa tâche.

c) Les filles sont **tout**___ énervées et **tout**___ heureuses parce que leur grand-mère les emmène en croisière.

d) Les foules sont parfois **tout**___ hargneuses.

e) Martine était **tout**___ ennuyée d'avoir oublié son rendez-vous. À vrai dire, elle était **tout**___ honteuse.

f) La jeune fille s'est couchée **tout**___ habillée.

g) Les étudiantes étaient **tout**___ fébriles et **tout**___ emballées à l'idée de faire un séjour linguistique en Allemagne.

h) Après avoir fui cette horrible scène, elle était **tout**___ hébétée et **tout**___ haletante.

i) Ils ont embarqué au petit matin sur une mer **tout**___ agitée.

j) Les fleurs, **tout**___ fanées, n'avaient plus rien de leur exubérance d'antan.

k) Valérie se promenait dans la ville en fête, elle s'arrêta devant la façade d'une belle maison **tout**___ illuminée. La première neige, **tout**___ humide, se changeait en eau sous ses pas.

l) Elle se sentait **tout**___ triste de n'avoir pas pu dire à temps ce qu'elle pensait. Elle regardait distraitement le chemin filer sous ses pas, **tout**___ absorbée par ce désagréable sentiment d'avoir manqué sa chance.

m) Après une semaine de ski dans le grand froid, ses lèvres étaient **tout**___ gercées et son teint, **tout**___ hâlé.

RAPPEL – *tout* nom

Quand il s'agit d'un nom, le mot *tout* varie seulement en nombre (un *tout*, des *touts*). Dans ce cas, il est toujours précédé d'un déterminant (*le*, *les*, *un*, *des*, *plusieurs*…).

Ex.: Ces divers éléments forment de**s** **touts** distincts.

Pour identifier le nom *tout*, on peut faire une des opérations suivantes:

– vérifier si *tout* est précédé d'un déterminant;

Ex.: **Le tout**, c'est de s'amuser. (déterminant + *tout*)

  Ces immeubles forment **d'**harmonieux **touts**. (déterminant + adjectif + *touts*)

– remplacer le nom *tout* par *l'important* ou *un ensemble*.

Ex.: **L'important**, c'est de s'amuser.

  Ces immeubles forment des **ensembles** harmonieux.

Exercice 2 | Soulignez le mot *tout* lorsqu'il est employé comme nom et encerclez le déterminant qui le précède.

Ce projet immobilier avant-gardiste propose plusieurs touts distincts. Je suis tout particulièrement impressionné par l'importance accordée aux énergies renouvelables dans l'ensemble des bâtiments commerciaux. Tout a été soigneusement pensé. Il y en a pour tous les goûts et pour toutes les bourses. Le tout est de savoir quelle sera la réponse du public.

RAPPEL – *tout* déterminant

Le mot *tout* peut aussi appartenir à la classe des déterminants. Il varie alors en genre et en nombre: *tout*, *toute*, *tous* et *toutes*. Le déterminant *tout* est généralement suivi d'un autre déterminant (*la*, *le*, *les*, *ce*, *ces*, *un*, *des*, *mes*…). Il suffit de l'accorder en genre et en nombre avec le nom qui le suit.

Ex.: J'ai fait **tout** ce long **chemin** pour acheter du cidre de glace.
         nom masc. sing.

  Catherine a dormi **toute** la **matinée**.
              nom fém. sing.

  Toutes mes **données** informatiques ont été perdues.
       nom fém. plur.

Pour identifier le déterminant *tout*, on peut faire une des opérations suivantes:

– vérifier si *tout* est immédiatement suivi d'un autre déterminant;

Ex.: **toute ma** vie, **toutes ces** exquises pâtisseries.

– si *tout* n'est pas suivi d'un déterminant, on lui en ajoute un et on observe si le sens de la phrase reste le même. Cette opération fonctionne mieux lorsqu'on transforme la phrase au pluriel.

Ex.: Toute réclamation doit être envoyée par la poste. (→ toute**s** **les** réclamation**s**)

  Tout abus sera vivement condamné. (→ tou**s** **les** abus)

Exercice 3 | Complétez les phrases avec les choix de réponses proposés en marge.

a) _____ ces détails et _____ sa scénographie rendent cette mise en scène brillante.

b) Je t'offre _____ mes condoléances.

c) _____ la famille se réunissait _____ les dimanches.

d) _____ leurs biens, _____ leurs possessions ont été détruits dans l'incendie.

e) Tu gardes précieusement _____ tes économies pour faire ce voyage.

f) _____ notre savoir-faire est consigné dans ce précieux document.

g) _____ vos idées sont bonnes, mais il faut les synthétiser.

h) _____ les jours depuis le début de l'été, elle nage une heure et demie avant de se rendre au travail.

a) Tout / Toute / Tous / Toutes
tout / toute / tous / toutes

b) tout / toute / tous / toutes

c) Tout / Toute / Tous / Toutes
tout / toute / tous / toutes

d) Tout / Toute / Tous / Toutes
tout / toute / tous / toutes

e) tout / toute / tous / toutes

f) Tout / Toute / Tous / Toutes

g) Tout / Toute / Tous / Toutes

h) Tout / Toute / Tous / Toutes

RAPPEL – *tout* pronom

Quand le mot *tout* appartient à la classe des pronoms, il prend une des formes suivantes : *tout*, *tous* ou *toutes*.

• Le pronom *tout* signifie *toute chose*.

Ex. : **Tout** dans cette chambre lui rappelait son enfance. (*Toute chose* dans cette chambre…)

• Le pronom *tous* représente un nom au pluriel.

Ex. : **Tous** se sont rués à la billetterie. (Le pronom *tous* désigne *des gens*.)
Ces petits ruisseaux risquent **tous** de déborder. (Le pronom *tous* désigne les *ruisseaux*.)

• Le pronom *toutes* représente un nom au pluriel.

Ex. : **Toutes** se sont exclamées de joie. (Le pronom *toutes* désigne *des personnes de sexe féminin*.)
Les biches sont **toutes** parties. (Le pronom *toutes* désigne *les biches*.)

Exercice 4 | Ajoutez la bonne terminaison aux mots en gras et indiquez, dans la parenthèse, ce que le pronom *tout* représente.

a) **Tou____** (_____) prennent des cours de conduite.

b) Il prend **tou____** (_____) sans jamais rien donner.

c) Ils se prennent **tou____** (_____) pour des héros.

d) Les infirmières, les préposées, **tou____** (_____) prennent leur métier à cœur.

e) Ces décisions ont **tou____** (_____) été prises par une autre équipe.

f) Les moutons comme les brebis, **tou____** (_____) bêlent en me voyant arriver avec une brouette pleine de moulée.

> **LOCUTIONS avec *tout***
>
> Certaines locutions formées avec *tout* ne s'emploient qu'au **singulier** : *après tout, à tout bout de champ, à toute allure, à toute heure, à tout propos, de tout cœur, en toute saison, en tout temps, pas du tout, tout à coup, tout à fait, tout à l'heure, tout compte fait, tout de même, tout de suite, tout le monde…*
>
> D'autres prennent toujours la forme du **pluriel** : *à tous égards, à toutes fins utiles, à toutes jambes, en toutes lettres…*
>
> Certaines peuvent s'écrire au **singulier** ou au **pluriel** : *à tout moment / à tous moments ; à tout point de vue / à tous points de vue ; de tout côté / de tous côtés ; de toute façon / de toutes façons ; de toute manière / de toutes manières ; de toute part / de toutes parts ; de toute sorte / de toutes sortes…*

Exercice 5 | Écrivez correctement le mot *tout* dans les textes suivants.

a) « L'unique livre que j'avais apporté avec moi […] m'avait été prêté par Zach. Il s'agissait d'un roman de Louis Ferdine intitulé *Sang d'encre*. […] _____ à fait le genre d'histoire épouvantable dont je pouvais me passer dans un moment pareil !

J'ai donc délaissé ce livre et me suis allongée sur le futon _____ habillée […].

_____ ici me paraissait gris et sans joie, comme si cette étrange maison avait eu le maléfique pouvoir de tuer dans l'œuf _____ idée de bonheur…

Pour alourdir encore cet environnement déjà pesant, une vieille horloge fixée au mur m'assénait ses tic-tac avec une régularité opiniâtre qui commençait à me porter sur les nerfs. _____ les quarts d'heure, ce bruit lugubre était ponctué par une sorte de déclic […]. C'est sur cette impression d'angoisse que je me suis finalement laissée aller à une sorte de sommeil agité. Dans un rêve pénible s'enchaînaient sans relâche des images de murs suintants et de cadavres desséchés abandonnés dans des pièces dépourvues de _____ ouverture… »

Laurent Chabin, *Nuits d'angoisse*, « Secrets de famille », Éditions Hurtubise, 2007.

b) « Quelques clients ont applaudi. […] Boris était seul contre _____ . Grandiloquent, le directeur est arrivé pour régler le problème. Légalement, il ne pouvait empêcher Boris d'acheter autant de bouteilles de gaz qu'il le souhaitait. Mais là, c'était une question de prestige, d'image de marque. Il en allait de la morale même de Canada Dépôt. Ça n'était pas le moment d'avouer à ses clients que les affaires marchaient comme jamais, qu'il avait vendu _____ son sel, _____ ses pics à glace, _____ ses lampes de poche, _____ ses génératrices en stock, qu'il avait triplé sa commande livrable le lendemain et qu'il comptait _____ écouler en une journée pour fracasser ses objectifs de ventes, avec une belle prime à la clef pour lui. »

Pierre Szalowski, *Le froid modifie la trajectoire des poissons*, Éditions Hurtubise, 2007.

D. CONJUGAISON ET ACCORD DES VERBES

1. Accorder le verbe avec des sujets multiples ou collectifs

RAPPEL – accord avec des sujets multiples

Un verbe précédé d'un pronom sujet s'accorde toujours en personne et en nombre avec ce pronom.

Ex.: **Nous** aim**ons** l'Italie.

Elles aim**ent** l'Italie.

Quand plusieurs sujets relevant de la troisième personne du singulier (*il* ou *elle*) précèdent le verbe, celui-ci se conjugue à la troisième personne du pluriel (*ils* ou *elles*).

Ex.: Ce sofa et cette table **sont** en solde. (*il* + *elle*)

Lorsque des sujets associés à des **pronoms différents** précèdent le verbe, ce dernier se met aussi au pluriel, mais pas à la troisième personne.

• Ainsi, si le pronom *moi* est l'un des sujets, l'accord se fait toujours à la première personne du pluriel (au *nous*).

Ex.: Toi et **moi** **étions** inséparables. (*tu* + *je*)

Myriam et **moi** **étions** inséparables. (*elle* + *je*)

Sarah, toi et **moi** **étions** inséparables. (*elle* + *tu* + *je*)

Vous et **moi** **étions** inséparables. (*vous* + *je*)

• En l'absence du pronom *moi*, l'accord se fait à la deuxième personne du pluriel (au *vous*).

Ex.: Carl et **toi** **étiez** inséparables. (*il* + *tu*)

Vous et lui **étiez** inséparables. (*vous* + *il*)

Attention

La politesse exige que le pronom *moi* soit toujours placé en dernier.

Ex.: Hélène et **moi** sommes d'accord. (forme correcte)

Moi et Hélène sommes d'accord. (forme familière)

Exercice 1 | Conjuguez le verbe *aller* au futur simple en l'accordant correctement avec son sujet.

a) Ma mère et moi _____ au cinéma demain soir.

b) Ce jeune homme et cette jeune fille _____ ensemble au cinéma demain soir.

c) Théo, sa mère et toi _____ au cinéma demain soir.

d) Mon chat et ma chienne _____ chez le vétérinaire demain.

e) Mon chat et toi _____ chez le vétérinaire demain.

f) Mon mari et mes enfants _____ vous porter les livres après-demain.

g) Stéphane, Théo et moi _____ lui porter les livres après-demain.

h) Stéphane, Théo et toi _____ porter les livres après-demain.

RAPPEL – accord avec les conjonctions *et*, *ni* et *ou*

• La conjonction *et* est de nature inclusive. Deux sujets unis par cette conjonction imposent donc l'accord du verbe au pluriel.

Ex.: François **et** Vincent **ont** planté un érable.

François **et** moi av**ons** planté un érable.

• La conjonction *ni* est aussi de nature inclusive. Deux sujets unis par cette conjonction imposent donc l'accord du verbe au pluriel. La construction *ni… ni* s'emploie sans virgule et avec la négation *ne*.

Ex.: **Ni** Fannie **ni** Laetitia **ne** souhait**ent** participer à la corvée de nettoyage.

Ni Fannie **ni** moi **ne** souhait**ons** participer à la corvée de nettoyage.

• Avec la locution *ni l'un ni l'autre*, l'accord du verbe se fait soit au singulier, soit au pluriel.

Ex.: **Ni** l'un **ni** l'autre **ne** ski**e**.

Ni l'un **ni** l'autre **ne** ski**ent**.

• La conjonction *ou* peut être inclusive, mais elle peut aussi introduire une alternative. L'accord du verbe se fera donc en fonction du sens de l'énoncé.

Ex.: Une robe noire **ou** une jupe longue peuv**ent** être portées pour l'occasion. (Inclusion: l'une et l'autre conviennent.)

Son père **ou** sa mère viendr**a** le chercher. (Alternative: soit l'un, soit l'autre viendra le chercher.)

• Si un des sujets est déjà au pluriel, le verbe prend automatiquement la marque du pluriel.

Ex.: Son père **ou** ses sœurs viendr**ont** le chercher.

Attention

Le verbe demeure au singulier si la conjonction *ou*:

– introduit un synonyme;

Ex.: Le phoque **ou** loup-marin **est** la vedette du parc provincial du Bic. (Note: aucun déterminant ne précède le synonyme.)

– introduit un énoncé encadré par des virgules.

Ex.: L'inquiétude, **ou** l'anxiété, n'**est** pas un sentiment agréable.

Exercice 2 | Conjuguez le verbe entre parenthèses à l'indicatif présent en l'accordant correctement avec son sujet.

a) Dans la basse-cour, l'oie et la poule _____ (se pourchasser).

b) Ni l'automobiliste ni le cycliste ne _____ (vouloir) partager la voie.

c) La raillerie, ou le mépris, n'_____ (arranger) rien.

d) Marc-Antoine et son ami _____ (nager) dans le lac.

e) Angèle ou Henriette _____ (être) des grands-mères bénévoles.

f) Angèle ou Henriette _____ (dicter) la lettre à la secrétaire.

RAPPEL – accord avec les noms collectifs

Certains noms représentent des groupes : *armée, assemblée, bande, centaine, dizaine, ensemble, foule, majorité, minorité, série, troupe*… On les appelle des noms collectifs. Leur utilisation en tant que sujet n'impose pas systématiquement l'accord du verbe au pluriel.

• Si le nom collectif est employé seul ou avec un complément au singulier, le verbe demeure au singulier.

Ex.: Une majorité **est** en faveur de la désaffiliation. (collectif employé seul)

La majorité **du suffrage** **est** en faveur de la désaffiliation. (collectif + nom au singulier)

• Si le collectif est employé avec un complément au pluriel et qu'il est introduit par un déterminant qui insiste sur l'ensemble du groupe (*le*, *la*, *mon*, *ma*, *ce* ou *cette*), le verbe demeure généralement au singulier.

Ex.: **Ma** bande **d'amis** viend**ra**.

Cette série **de romans policiers** **est** passionnante.

• Si le collectif est employé avec un complément au pluriel et qu'il est introduit par le déterminant *un* ou *une*, l'accord du verbe se fait en fonction du sens de l'énoncé. Le verbe se met au singulier, si on parle de l'ensemble du groupe, et au pluriel, si on cible plutôt les éléments du groupe.

Ex.: **Une** minorité **des** manifestants **a** causé du grabuge. (insistance sur le groupe de manifestants)

Une minorité **des** manifestants **ont** causé du grabuge. (insistance sur les manifestants)

Attention

L'accord du verbe avec le nom *monde*, utilisé en tant que sujet, se fait toujours au singulier.

Ex.: Le monde **est** impatient. (forme correcte)

Le monde **sont** impatients. (forme fautive)

Exercice 3 | Conjuguez le verbe entre parenthèses à l'indicatif présent en l'accordant correctement avec son sujet.

a) Cette équipe de footballeurs _____ (revenir) de loin.

b) L'ensemble des participants l'_____ (applaudir) chaleureusement à la fin de l'atelier.

c) L'inspecteur de la Ville a averti mon voisin qu'il devra nettoyer l'amas de débris qui _____ (empêcher) l'accès à son garage.

d) Le cortège des amis _____ (entre) dans la maison et une dizaine de plats se _____ (retrouve) aussitôt sur la table de la salle à manger.

e) Le monde s'_____ (attendre) à ce que ce jugement soit porté en appel.

f) Des nuées d'oiseaux _____ (traverse) le ciel.

g) Un ensemble de précautions _____ (précéder) le dynamitage.

h) Une meute de loups _____ (suivre) les caribous à la trace.

Exercice 4 | Conjuguez le verbe entre parenthèses à l'indicatif présent en l'accordant correctement avec son sujet.

a) Le cinéma ou septième art _____ (continuer) d'attirer les foules.

b) Une foule de curieux s'_____ (approcher) de la scène de l'accident.

c) Je constate que ni mon cellulaire ni le tien ne _____ (fonctionner).

d) Un troupeau de moutons _____ (bloquer) la circulation.

e) Ni toi ni moi ne _____ (souhaiter) vendre cette belle maison en bord de mer où nous avons passé tous nos étés.

f) Une centaine d'habitants de ce village se _____ (mobiliser) pour faire avorter le projet d'installation d'un gazoduc.

g) Récurer, ou frotter, ne _____ (servir) à rien pour faire disparaître ce type de taches incrustées.

h) Le banc de poissons _____ (tenter) de fuir en vain les prédateurs qui le(s) harcèlent de toutes parts.

i) Une casquette ou un chapeau _____ (être) nécessaire avec une telle canicule.

j) Ni vous ni nous ne _____ (savoir) par quel chemin il faut passer pour aller au chalet de Myriam.

Exercice 5 | Complétez les phrases avec les choix de réponses proposés en marge. Si l'accord se fait en fonction du sens que l'on veut donner à l'énoncé, indiquez-le.

a) Serge et Annie te _____ à l'aéroport.

b) Serge ou Annie te _____ à l'aéroport.

c) Ni Serge ni Annie ne te _____ à l'aéroport.

d) Un lot d'esquisses de Picasso _____ aux enchères.

e) La majorité des élèves _____ ses devoirs.

f) Une minorité d'élèves _____ à l'examen.

g) Le comité de parents _____ la réforme.

h) Ce tas d'ordures _____ bientôt.

i) Il a laissé tomber un sac de billes qui _____ par terre.

j) Une nuée de monde _____ .

k) Une nuée de gens _____ .

l) Une partie du groupe _____ dans un autre hôtel.

m) Noémie, Christine et toi _____ chercher Mélanie à la gare de Québec.

a) conduira / conduiront / selon le sens

b) conduira / conduiront / selon le sens

c) conduira / conduiront / selon le sens

d) sera vendu / seront vendues / selon le sens

e) a fait / ont fait / selon le sens

f) a échoué / ont échoué / selon le sens

g) approuve / approuvent / selon le sens

h) sera ramassé / seront ramassées / selon le sens

i) a roulé / ont roulé / selon le sens

j) apparaît / apparaissent / selon le sens

k) apparaît / apparaissent / selon le sens

l) a couché / ont couché / selon le sens

m) irez / iront / selon le sens

2. Distinguer le futur simple et le conditionnel présent

RAPPEL

On confond souvent les verbes conjugués à la première personne du singulier du futur simple et du conditionnel présent en raison de leurs terminaisons presque identiques.

Ex.: À la même heure demain, je ser**ai** à Tokyo. (verbe *être* au futur simple)

Je ser**ais** soulagé si Martha acceptait ma proposition. (verbe *être* au conditionnel présent)

• Le futur simple exprime une action à venir. Les énoncés au futur recourent souvent à des indices de temps.

Ex.: J'apprendrai **bientôt** quelle est sa décision.

J'assisterai **ce soir** à la première du film.

• Le conditionnel présent indique que l'action décrite par le verbe est la conséquence d'une condition.

Ex.: Si on m'accordait plus de temps, **je réussirais** mieux mes examens. (supposition)

J'aimerais revenir vous voir. (désir)

Pourrais-je te rencontrer demain ? (demande)

Pour distinguer le futur simple du conditionnel présent, on peut faire une des opérations suivantes :

– se fier au sens de la phrase (le futur exprime une action ou un fait à venir tandis que le conditionnel présent exprime une possibilité) ;

– remplacer le pronom *je* par le pronom *nous* afin d'entendre la différence de terminaison.

Ex.: J'appuier**ai** sa candidature si nous le pouvons. → **Nous** appuier**ons** sa candidature si nous le pouvons. (action à venir + verbe *appuyer* au futur simple)

J'appuier**ais** sa candidature si je le pouvais. → **Nous** appuier**ions** sa candidature si nous le pouvons. (possibilité + verbe *appuyer* au conditionnel présent)

Exercice 1 | Corrigez, s'il y a lieu, les verbes suivants en ajoutant la bonne terminaison à ceux qui sont conjugués au conditionnel présent.

a) Je ne devrai____ pas m'immiscer dans sa vie personnelle.

b) Je ne pourrai____ sortir que si j'ai terminé mes devoirs.

c) Je préfèrerai____ boire du blanc plutôt que du rouge.

d) Je serai____ au rendez-vous sans faute.

e) Je tiendrai____ parole, c'est promis !

f) Je tiendrai____ ma promesse si c'était possible.

g) Ce serai____ parfait si vous pouviez terminer le montage demain.

h) Si je gagnais à la loterie, je voyagerai____ six mois par année.

i) Je serai____ là demain.

j) Si nous vous engagions, quelles serai____ vos conditions ?

Exercice 2 | Lisez les répliques suivantes et ajoutez ensuite la bonne terminaison aux verbes en gras.

a) « — T'es pas venue pour faire le ménage. T'es là pour prendre soin de m'man. Fais juste ça. Je m'**arranger**____ avec le reste. »

b) « — Je **voudr**____ pas trop vous déranger, madame Tremblay, fit l'autre, intimidé. »

c) « — Tu peux aller te coucher si tu veux. Je vais veiller au corps. Quand j'en **pourr**____ plus, j'**ir**____ te réveiller. »

d) « — Si c'est juste pour l'argent, comme chez les Veilleux, que vous voulez pas, je **pourr**____ toujours vous rembourser quand je **fer**____ l'école. »

e) « — Si elles étaient plus jeunes, je leur **sacrer**____ la volée de leur vie pour leur apprendre à me respecter. »

f) « — Au fond, j'ai pas besoin de lui pour aller porter le grain. Il va juste m'aider à charger la voiture. Là-bas, je **trouver**____ ben quelqu'un pour me donner un coup de main pour décharger. »

g) « — Ça m'adonne pas ben ben de payer en argent, dit sèchement le cultivateur, mais j'**ir**____ vous régler ça cette semaine au presbytère, si c'est la nouvelle règle. En même temps, j'en **profiter**____ pour payer notre banc pour l'année. »

h) « — Pour votre cheville, c'est une sévère entorse. Marchez pas dessus. Attendez que ça guérisse. Je vous ai aussi fait quatre points de suture au front. Je **viendr**____ vous les enlever quand ce sera le temps. »

i) « — T'**aimer**____ pas ça rencontrer une bonne fille ? lui demandait parfois sa mère, un peu avant de mourir. »

j) « — Mais vous, madame Cournoyer, je vous admire d'accueillir comme ça, chez vous, une fille sortie d'un orphelinat. Moi, j'en **dormir**____ pas. »

k) « — Pourquoi je les **déranger**____, m'man ? C'est pas eux autres que je vais voir, c'est leur fille. »

l) « — Moi, je me trouve bien comme je suis. Je vois pas pourquoi j'**endurer**____ un mari et que j'**aur**____ une trâlée d'enfants. »

m) « — Je lui ai dit que j'étais pour attendre chez nous jusqu'à la fin de l'après-midi et que si c'était pas calmé à ce moment-là, j'**atteller**____ mes chiens à mon petit traîneau, comme je le fais chaque fois que les chemins sont laids, l'hiver. Je lui ai promis que je **viendr**____ chercher les enfants pour les ramener chez eux. »

n) « — J'**haïr**____ pas ça, mais ma femme va s'inquiéter de voir que je reviens pas. Ce **ser**____ pour une autre fois. »

o) « — Cette tempête-là m'a retardé d'une semaine dans ma tournée des paroisses, avait répliqué à son tour l'abbé Dorais. Normalement, aujourd'hui, je **devr**____ être à la cathédrale, en train de voir à ce que la crèche de Noël soit bien installée. »

p) « — Je veux bien le croire, mais je **voudr**____ pas que la guignolée devienne une affaire politique dans la paroisse. Il **manquer**____ plus que ça. »

Michel David, *À l'ombre du clocher 1. Les années folles*, Éditions Hurtubise, 2006.

3. Distinguer le participe présent de l'adjectif verbal

RAPPEL

La forme adjectivale et le participe présent de certains verbes peuvent facilement être confondus. Prenons l'exemple du verbe *hésiter*.

Ex. : Il a répondu aux questions en **hésitant**. (participe présent)

Ses propos sont **hésitants**. (adjectif verbal)

• Le participe présent exprime une action. Il est souvent introduit par la préposition *en* et il est invariable.

Ex. : Le soleil, **en brillant** de mille feux, réchauffe la terre. (action de briller)

Pour identifier cette forme verbale, on peut faire une des deux opérations suivantes :

– repérer la préposition *en* dans l'énoncé ;

Ex. : Elle regarde la télévision **en** mangeant.

– ajouter la préposition *en* devant le participe présent, si elle est absente de l'énoncé.

Ex. : La jeune femme a refusé de s'excuser, prétextant qu'elle n'avait rien fait de mal. (Elle a refusé de s'excuser **en** prétextant...)

• L'adjectif verbal, formé à partir d'un verbe, permet de donner une caractéristique au nom. Il s'accorde en genre et en nombre avec le nom ou les noms qu'il qualifie.

Ex. : Des amies compatissan**tes** ont tenté de la rassurer. (accord de l'adjectif au féminin pluriel)

Si le groupe du nom est formé de mots de genres différents, l'accord se fait au masculin pluriel.

Ex. : Sa sœur et son beau-frère compatissan**ts** ont tenté de la rassurer.

Pour identifier l'adjectif verbal, on le remplace par un adjectif qui ne se termine pas par -*ant*.

Ex. : Son comportement est **offensant**. → Son comportement est **mauvais**.

Son courage est **impressionnant**. → Son courage est **immense**.

Note

Dans le cas où l'accord de l'adjectif se fait avec un nom féminin, on entend l'accord : la lettre *t* de la dernière syllabe se prononce (offensan**te**). La confusion avec le participe présent est alors facilement évitable.

Attention

Les verbes se terminant pas -*guer* conservent le *u* au participe présent, ce qui n'est pas le cas de l'adjectif dérivé de ces verbes.

Ex. : Fatiguer → Ils courent, se fati**gu**ant inutilement. (participe présent)

→ Ce sont des corvées fati**g**antes. (adjectif)

Exercice 1 | Lisez les phrases suivantes et déterminez si le mot en gras est un adjectif verbal (forme variable) ou un participe présent (forme invariable). Cochez le bon choix de réponse.

	Variable	Invariable
a) Il a un regard **fuyant**.	❏	❏
b) Il courait, **fuyant** les soldats ennemis.	❏	❏
c) Ce potage est trop **brûlant** pour être mangé.	❏	❏
d) Elle s'est blessée en se **brûlant** grièvement.	❏	❏
e) Il avance vers moi, ne **riant** pas du tout.	❏	❏
f) Le regard **riant**, il me fit un clin d'œil.	❏	❏
g) Elle racontait son histoire avec son accent **chantant**.	❏	❏
h) Il marchait en **chantant** pour se donner du courage.	❏	❏

Exercice 2 | Accordez, s'il y a lieu, les mots en gras dans les extraits de roman suivants.

a) « Les rations étaient copieuses, car les futurs esclaves devaient être en parfaite santé. En effet, au cours des jours **suivant___** , ils seraient présentés aux acheteurs, sans compter qu'il leur faudrait supporter un long voyage en mer. »

b) « **Confiant___** , les autres enfants leur emboîtèrent le pas. »

c) « Lygaya sentit la peur l'envahir. Cet homme lui déplaisait, car ses yeux **perçant___** trahissaient sa cruauté. »

d) « Ce soir-là, Lygaya s'endormit heureux. Il savait que, dorénavant, il ne serait plus seul... Il avait un ami. En **fermant___** les yeux, il songea à cette journée. »

e) « De jeunes esclaves allaient et venaient, **portant___** des paniers remplis de linge qu'elles déposaient sur l'herbe verte pour le faire sécher. »

f) « Dans le hall d'entrée, le sol était recouvert d'un immense tapis de laine nouée aux couleurs **éclatant___** . Sanala le contourna, n'**osant___** poser ses pieds dessus. »

g) « La tante Marie lui sourit. Ses yeux noirs étaient **pétillant___** de malice. »

h) « Un matin du onzième mois, le heurtoir de la porte résonna dans toute la maison, **troublant___** le silence **pesant___** qui y régnait. »

i) « Ton père et celui du jeune Pierre m'ont offert une grosse récompense si je vous ramenais **vivant___** . »

j) « Le village était endormi, c'était l'heure de la sieste ; tout était calme. Il faisait une chaleur **écrasant___** . »

k) « — Allez dehors, vite ! Vite ! dit-il dans leur langue en les **poussant___** vers l'extérieur. »

l) « En l'**embrassant___** , elle lui murmura quelques mots en bantou, la langue de sa tribu :
— Où que tu sois, n'oublie jamais que tu es dans mon cœur, près de moi. »

m) « — Je l'achète pour deux barils et un fusil, dit l'autre, tout en **inspectant___** les yeux, les mains, les dents et en **palpant___** les bras de Sanala. »

Andrée-Paule Mignot, *Lygaya, l'enfant esclave*, Éditions Hurtubise, 2006.

4. Accorder les participes passés sans auxiliaire

> **RAPPEL**
>
> Le participe passé entre dans la formation des temps composés. Il peut être employé avec les auxiliaires *avoir* ou *être*.
>
> Ex.: J'**ai aimé** ce camp d'équitation. (verbe *aimer* au passé composé : auxiliaire *avoir* + participe passé du verbe *aimer*)
>
> Tu **seras parti** demain. (verbe *partir* au futur antérieur : auxiliaire *être* + participe passé du verbe *partir*)
>
> Il peut aussi être employé seul. Le participe passé est alors considéré comme un **adjectif** et s'accorde en genre et en nombre avec le nom ou les noms qu'il qualifie.
>
> Ex.: La fourmi prise au piège dans la toile d'araignée se débat. (accord du participe passé au féminin singulier)
>
> Si le groupe du nom est formé de mots de genres différents, l'accord se fait au masculin pluriel.
>
> Ex.: Les filles et les garçons excités se dispersent sur le terrain de soccer.

Exercice 1 | Complétez les phrases suivantes à l'aide du participe passé du verbe entre parenthèses.

a) Ces chiots ont été vendus à peine _____ (sevrer).

b) Dans le tiroir de la commode se trouvent des chemises et des chandails impeccablement _____ (plier) et sur un cintre, dans le placard, des cravates _____ (suspendre).

c) Nous avons terminé notre pique-nique sous un ciel _____ (ennuager).

d) Enfant, j'adorais Noël pour la dinde et la bûche _____ (déguster) en famille, la longue veillée, ainsi que les cadeaux tant _____ (attendre) et si vite _____ (déballer).

e) Étienne, Karine et Isabelle se turent d'un coup, _____ (abasourdir).

f) Les randonneurs _____ (porter) _____ (disparaître) ont été retrouvés sains et saufs.

g) Leur mission _____ (accomplir), les soldats _____ (épuiser) purent retourner à leur campement.

h) Leurs tâches _____ (terminer), les cultivateurs se reposent, confortablement _____ (étendre) dans l'herbe fraîchement _____ (couper).

i) Marie, _____ (assoir) devant son miroir, sèche ses cheveux _____ (mouiller).

j) Une fois la lampe _____ (éteindre), il s'étendit sur le flanc et, _____ (écraser) de fatigue, s'endormit en moins d'une minute.

Exercice 2 | Complétez les phrases suivantes à l'aide du participe passé du verbe entre parenthèses.

a) _____ (entourer) des membres de sa famille, la présidente est apparue brièvement devant la foule.

b) Deux individus _____ (masquer) se sont introduits par le toit de la banque et ont fracturé sans peine les portes _____ (blinder) des coffres.

c) _____ (tomber) du nid, l'oisillon n'a que peu de chances d'atteindre l'âge adulte.

d) _____ (émerveiller) par ce concert, elle rentra chez elle en se promettant de recommencer à jouer du piano.

e) Les petites luttes ordinaires, _____ (gagner), _____ (perdre) ou _____ (abandonner) en cours de route parce que la vie prend un nouveau cours, avaient façonné son quotidien.

f) Les gazelles, les zèbres, les gnous, _____ (alerter) par cette odeur de fauve, restent immobiles, guettant le mouvement qui amorcera l'attaque.

g) Le castor construit sa hutte à l'aide de branchages _____ (entrecroiser) et de boue.

Exercice 3 | Corrigez, s'il y a lieu, les participes passés en gras dans l'extrait de roman ci-dessous.

« Mais tout cela n'était rien en comparaison de la créature repoussante qui se tenait devant lui, une expression qui frôlait l'extase sur le visage. L'homme semblait aussi vieux que la grande ziggourat. Son dos **voûté__** le forçait à marcher **plié__** en deux. Ses cheveux blancs, gras et **emmêlé__** , lui descendaient jusqu'aux cuisses. Ils encadraient ce qui n'avait plus de visage que le nom. On aurait dit que des insectes en avaient dévoré tout ce qui dépassait. Là où son nez aurait dû se trouver, il n'y avait qu'une ouverture triangulaire d'où s'échappaient un mucus gluant et une respiration sifflante. Ses paupières **disparu__** laissaient perpétuellement **ouvert__** des yeux **recouvert__** d'un épais film laiteux qui ne voyaient plus depuis des décennies. Ses lèvres **décharné__ retroussé__** en une grimace permanente expliquaient l'étrange prononciation du personnage. Elles laissaient paraître des gencives épaisses et quelques dents **gâté__** . Ses mains n'étaient plus que d'affreux moignons dont tous les doigts, sauf le pouce et l'index, s'étaient détachés. "La lèpre", réalisa Manaïl, un frisson de terreur lui parcourant le dos. Cet homme avait la lèpre! Il ignorait comment on attrapait cette maladie, mais il savait qu'on ne devait pas approcher ceux qui en étaient porteurs.

Vêtu__ d'une simple peau de bête crasseuse **retenu__** à la taille par un cordon, l'individu avait le torse et les pieds nus. D'une maigreur squelettique, son corps était recouvert de plaies **ouvert__** d'où s'écoulait un pus épais et jaunâtre. Manaïl eut un haut-le-cœur et détourna la tête pour vomir. »

Hervé Gagnon, *Le Talisman de Nergal 1. L'Élu de Babylone*, Éditions Hurtubise, 2008.

5. Accorder les participes passés avec l'auxiliaire *être* ou un autre verbe attributif

RAPPEL

Le participe passé employé avec l'auxiliaire *être* s'accorde en genre et en nombre avec le sujet du verbe.

Ex.: Simone **est** allée à l'épicerie. (verbe *aller* au passé composé: auxiliaire *être* + participe passé du verbe *aller* accordé au féminin singulier)

Nous **serons** devenus riches et célèbres. (verbe *devenir* au futur antérieur: auxiliaire *être* + participe passé du verbe *devenir* accordé au masculin pluriel)

• Si le sujet est formé de mots de genres différents, l'accord se fait au masculin pluriel.

Ex.: Ce lilas et ces roses **sont** parfumés.

• Si le sujet est formé de sujets multiples ou collectifs, les règles d'accord propre à ce type de sujets s'appliquent (voir: 1. Accorder le verbe avec des sujets multiples ou collectifs, pages 46 à 49).

Ex.: Ni ma tante ni mon oncle ne **sont** venus à la fête. (accord à la troisième personne du pluriel et au masculin)

La bande des congressistes **est** logée ici. (accord avec le nom féminin singulier *bande*)

Attention

Le participe passé employé avec d'autres verbes attributifs s'accorde également en genre et en nombre avec le sujet du verbe. Outre le verbe *être*, les principaux verbes attributifs sont: *demeurer, devenir, paraître, rester* et *sembler*.

Ex.: Ma mère **parut** troublée à l'annonce de ce fait divers. (verbe attributif *paraître* + participe passé du verbe *troubler* accordé au féminin singulier)

Ils **deviennent** angoissés dès qu'ils se remémorent cet incident. (verbe attributif *devenir* + participe passé du verbe *angoisser* accordé au masculin pluriel)

Pour identifier un verbe attributif, on le remplace par le verbe *être* tout en s'assurant que cela ne modifie pas le sens de la phrase.

Ex.: Le chat **reste** endormi.

→ Le chat **est** endormi. (Les deux énoncés ont presque la même signification.)

Note

Consultez une grammaire pour les règles d'accord du participe passé des verbes pronominaux.

Exercice 1 | Encadrez le groupe sujet et soulignez le verbe attributif, puis accordez correctement le participe passé.

a) Betty, Jennifer et moi sommes vite devenu__ des amies inséparables.

b) Elle et lui restèrent démuni__ devant tant de mauvaise foi.

c) Jusqu'à présent, vous et lui étiez pourtant satisfait__ de leurs services.

d) Les gens semblent persuadé__ que l'enquête en cours prouvera son innocence. En fait, tout le monde est convaincu__ que le coupable est toujours en liberté.

e) Le patineur et la patineuse paraissent déçu__ des notes attribuées par les juges.

f) Ni l'entrée ni le dessert ne sont réfrigéré__ .

Exercice 2 | Encadrez le groupe sujet, puis soulignez le mot qui détermine l'accord du participe passé à l'intérieur de ce groupe. Accordez ensuite le participe passé.

a) De la truite ou de l'agneau est offert__ en table d'hôte.

b) L'ensemble de ces robes sera envoyé__ à notre atelier montréalais.

c) La panthère des neiges ou once est pourvu__ d'un magnifique pelage.

d) Une multitude de personnes sont descendu__ manifester dans les rues dès qu'on a annoncé l'assassinat du premier ministre.

e) Une armée d'acheteurs est massé__ le long de la vitrine du grand magasin qui ouvrira bientôt ses portes.

Exercice 3 | Lisez les extraits de roman suivants, puis accordez correctement l'auxiliaire *être* et le participe passé.

a) « Je n'étais jamais entrée dans une boutique, aussi y pénétrai-je bien timidement. La rigueur de l'ordre qui y régnait m'impressionna. À droite, derrière le comptoir sur lequel **étai___ étalé___** deux peaux de renard roux, une dame entièrement vêtue de noir discutait avec un chaland. Sur la gauche, étalés sur toute la surface du mur, des rangs de cartons ronds se superposaient jusqu'au plafond. Au fond, trois robes et une capeline **étai___ suspendu___** aux crochets du rideau qui dissimulait vraisemblablement une arrière-boutique. »

b) « Les bougies des chandeliers **étai___ fondu___** de moitié et j'étais à m'émerveiller des coulis enchevêtrés les uns dans les autres quand sa voix chétive m'interpella. »

c) « Je crus défaillir et me tournai instinctivement vers Noémie, cherchant à dissimuler mon malaise. Elle ne me fut d'aucun secours. Son visage aussi rouge que les habits d'un roi **étai___ figé___** d'effroi. »

d) « Au mur, au-dessus du lit, **étai___ fixé___** mes deux dessins. »

e) « Chaque article était à sa place et deux assiettes d'étain **étai___ déposé___** sur la nappe entre les coupes et les cuillères. »

Nicole Fyfe-Martel, *Hélène de Champlain 1. Manchon et dentelle*, Éditions Hurtubise, 2003.

6. Accorder les participes passés avec l'auxiliaire *avoir*

Note

Consultez une grammaire pour l'accord des participes passés avec l'auxiliaire *avoir* précédé des pronoms *en* ou *le* ou suivi d'un verbe à l'infinitif, ainsi que pour l'accord des participes passés des verbes impersonnels.

Exercice 1 | Indiquez si le CD du verbe encadré se trouve après le verbe ou avant le verbe.

a) Ils nous ont offert un délicieux porto.
   ❏ CD après le verbe   ❏ CD avant le verbe

b) Ce porto qu'ils nous ont offert était délicieux.
   ❏ CD après le verbe   ❏ CD avant le verbe

c) Nous avons encouragé Benoît dans ses démarches.
   ❏ CD après le verbe   ❏ CD avant le verbe

d) Nous l'avons encouragé dans ses démarches.
   ❏ CD après le verbe   ❏ CD avant le verbe

e) La chenille qui a élu domicile dans mon lys est des plus nuisibles.
   ❏ CD après le verbe   ❏ CD avant le verbe

f) Nos amis ont adopté un petit garçon colombien.
   ❏ CD après le verbe   ❏ CD avant le verbe

g) Nos amis ont adopté un petit garçon qu'ils ont ramené avec eux de Colombie.
   ❏ CD après le verbe   ❏ CD avant le verbe

h) L'air qu'elle nous a fredonné m'a rappelé des souvenirs.
   ❏ CD après le verbe   ❏ CD avant le verbe

Exercice 2 | Conjuguez les verbes entre parenthèses au passé composé en utilisant à chaque fois l'auxiliaire *avoir*.

Encore une fois, Martin et moi _____ (aider) Nicolas et Florence à déménager. Mais nous les _____ (avertir) que, cette fois, ils avaient intérêt à demeurer au moins deux ans dans leur nouvel appartement ! Ils ont vraiment la bougeotte… Enfin, ce sont nos amis et ils nous _____ (rendre) de nombreux services eux aussi. Après le déménagement, ils nous _____ (inviter) dans un petit restaurant mexicain où nous _____ (manger) de succulents quesadillas et tacos. Ces mets ont été engloutis le temps de le dire ! Bien entendu, nous _____ (trinquer) à la santé de nos amis. Nous _____ (profiter) de ce toast pour leur souhaiter beaucoup de bonheur dans leur nouveau nid, histoire qu'ils y demeurent un certain temps ! Florence nous _____ (regarder) : une vague de bonheur _____ (envahir) son regard et elle nous _____ (annoncer) que Nicolas et elle attendaient un enfant ! Je l'_____ (enlacer) en la félicitant.

A. DICTÉES DE SYNTHÈSE

ORTHOGRAPHE LEXICALE

Dictée 3 | Demandez à quelqu'un de vous lire la dictée 3 qui se trouve dans le corrigé, page 89, ou écoutez-la sur notre site Internet : www.marceldidier.com.

Banque de mots			
trinitaire	El Djazaïr	Caraïbes	Geoffroy

_____

_____

_____

_____

_____

_____

_____

_____

_____

_____

_____

_____

_____

_____

_____

_____

_____

_____

_____

_____

_____

_____

Andrée-Paule Mignot, *Lygaya, l'enfant esclave*, Éditions Hurtubise, 2006.

Dictée 4 | Demandez à quelqu'un de vous lire la dictée 4 qui se trouve dans le corrigé, pages 89 et 90, ou écoutez-la sur notre site Internet : www.marceldidier.com.

Banque de mots
Zanny   Wiley

réinvestissement

_____

_____

_____

_____

_____

_____

_____

_____

_____

_____

_____

_____

_____

_____

_____

_____

_____

_____

_____

_____

_____

_____

_____

_____

Norah McClintock, *Double meurtre*, « Fausse identité », Éditions Hurtubise, 2008.

Dictée 5 | Demandez à quelqu'un de vous lire la dictée 5 qui se trouve dans le corrigé, page 90, ou écoutez-la sur notre site Internet : www.marceldidier.com.

Banque de mots
scrapbooking   Chloé

_____

_____

_____

_____

_____

_____

_____

_____

_____

_____

_____

_____

_____

_____

_____

_____

_____

_____

_____

_____

_____

_____

_____

_____

_____

Dictée 6 | Demandez à quelqu'un de vous lire la dictée 6 qui se trouve dans le corrigé, page 90, ou écoutez-la sur notre site Internet : www.marceldidier.com.

Banque de mots
Anishnabés   Robin Hood   Carnation

_____
_____
_____
_____
_____
_____
_____
_____
_____
_____
_____
_____
_____
_____
_____
_____
_____
_____
_____
_____
_____
_____
_____
_____
_____

réinvestissement

Michel Noël, *Hush ! Hush !*, Éditions Hurtubise, 2006.

B. DICTÉES DE RÉINVESTISSEMENT

Dictée 7 | Demandez à quelqu'un de vous lire la dictée 7 qui se trouve dans le corrigé, page 90, ou écoutez-la sur notre site Internet : www.marceldidier.com.

Banque de mots
extatique   apparitionnelle   cicindèle iridescente   sphinx

_____
_____
_____
_____
_____
_____
_____
_____
_____
_____
_____
_____
_____
_____
_____
_____
_____
_____
_____
_____
_____
_____
_____
_____
_____

Jacques de Tonnancour, *Les insectes. Monstres ou splendeurs cachées*, Éditions Hurtubise, 2002.

Les emportes-pièces de Cathy.

Blogue de recettes.

J'ai préparé ce gâteau avec ma fille de 10 ans et demis. Elle avait invité des amies pour un pyjama-party et elles ont mangé ce gâteau avec un verre de lait devant la télé. Elles l'ont dévoré !

Gâteau au chocolat irrésistible

Ingrédients

1 tasse de farine

¾ de tasse de sucre

⅓ de tasse de cacao non sucré

1 cuillère à café de levure chimique

¾ de cuillère à thé de bicarbonate de soude

¾ de tasse de mayonnaise

¾ de tasse d'eau

1 œuf

1 tasse de grains de chocolat mis-sucrés

Mélanger les cinq premiers ingrédients après les avoir tamisé. Incorporer la mayonnaise, puis l'eau et l'œuf. Le mélange doit être remuer jusqu'à ce que vous obteniez une consistance lisse. Incorporer une demi-tasse de grains de chocolat. Verser dans un moule à gâteau rond de 9 po (22 cm). Disperser les grains restant sur la pâte. Cuire à 350 °F (180 °C) entre 35 et 40 minutes.

Commentaires

Isa

Mes enfants et moi avons adorés ce gâteau ! J'aurais dû leur en cuisiner deux, ils sont tellement gourmands !

Suzanne

Ce gâteau est délicieux. Je l'ai préparé pour pâques. Je l'ai servi coupé en tranches que j'avais décoré avec des œufs miniatures en chocolat.

Nick

Cuisiner ce gâteau est devenu un plaisir en soit. Je vis seul avec mon fils et grâce à cette recette ma maison est devenu le point de ralliement de ses amis, le mercredi après-midi. Je leurs sers ce dessert avec du caramel.

> Mmmm.
>
> Qu'il eût cru ?! Depuis quand met-ont de la mayonnaise dans un gâteau ?

> Clafoutis
>
> Ce gâteau, on en mangerait tout le temps. On a jamais de restes ! Mmmm., tu devrais l'essayer, s'en quoi tu vas manquer quelque chose. Je te le garantie.

> Mmmm.
>
> Quand à moi, un gâteau, ça doit contenir des œufs et du lait. Je crois qu'il faut s'en tenir à des ingrédients traditionnels en matière de pâtisserie. Nos grand-mères même approuveraient.

> Christine
>
> J'habite en banlieue Parisienne. En France, la mayonnaise est moutardé. Alors, je me demande de quoi vous parlez… Quelqu'un peut-il m'éclairer ?

> Cathy
>
> Je parle de mayonnaise commerciale. Au Québec, ce produit est sucré. On peut choisir soient une mayo régulière, soient une mayo allégée en matières grasses. Les résultats sont les même.

> Christine
>
> Merci ! Je désir vraiment essayer cette recette…

> Caro
>
> J'ai un fils allergique au lait. J'ai remplacé le lait par de l'eau. J'ai même trouvé des grains de chocolat sens produits laitiers. Les yeux de mon petit Félix brillaient de bonheur qu'en il a vu qu'ils pourrait manger un gâteau au chocolat. Mille fois merci !

> Stéphane
>
> Cette recette a été à demie réussie. La pâte n'a pas levée. Par contre, le gâteau avait très bon goût et, curieusement, il était d'une texture semie-moelleuse.

> Canneberge
>
> Excellent gâteau. Mais il faut bien attendre qu'il ne sois plus chaud pour le servir, sinon il se défait.

> Mamie Alice
>
> J'aime ces recettes qui sont des passes-partout et qui deviennent des classiques. Bravo !

Dictée 9 | Demandez à quelqu'un de vous lire la dictée 9 qui se trouve dans le corrigé, page 91, ou écoutez-la sur notre site Internet : www.marceldidier.com.

Banque de mots		
babylonien	Anatolie	apparat
Shamash	diaphane	Ishtar

réinvestissement

Hervé Gagnon, *Le Talisman de Nergal 1. L'Élu de Babylone*, Éditions Hurtubise, 2008.

Banque de mots		
Lygaya	Geoffroy	El Djazaïr

_____
_____
_____
_____
_____
_____
_____
_____
_____
_____
_____
_____
_____
_____
_____
_____
_____
_____
_____
_____
_____
_____
_____
_____
_____

Andrée-Paule Mignot, _Lygaya, l'enfant esclave_, Éditions Hurtubise, 2006.

Banque de mots			
Pedro	Catalan	Alfonso	Galicien
Castille	Aragon	Naturel	

réinvestissement

Camille Bouchard, *Pirates 1. L'Île de la Licorne*, Éditions Hurtubise, 2008.

Banque de mots				
Saint-Amour	lisse	Cabonga	watchman	H.B.C.

_____
_____
_____
_____
_____
_____
_____
_____
_____
_____
_____
_____
_____
_____
_____
_____
_____
_____
_____
_____
_____
_____
_____
_____
_____
_____
_____
_____
_____
_____
_____

Michel Noël, *Hush ! Hush !*, Éditions Hurtubise, 2006.

Banque de mots			
Louvre	Roi	casaque	soubresaut

réinvestissement

Nicole Fyfe-Martel, *Hélène de Champlain 1. Manchon et dentelle*, Éditions Hurtubise, 2003.

Banque de mots		
Saint-Jacques-de-la-Rive	Lussier	berlot
sleigh	catherine	marguillier

_____
_____
_____
_____
_____
_____
_____
_____
_____
_____
_____
_____
_____
_____
_____
_____
_____
_____
_____
_____
_____
_____
_____
_____
_____
_____

Michel David, *À l'ombre du clocher 1. Les années folles*, Éditions Hurtubise, 2006.

Banque de mots					
Raimon	Guillabert	Beauséant	Templiers	ascétique	Église
Albigeois	Cathares	Christ	Jérusalem	Innocent III	Méditerranée

réinvestissement

_____

_____

_____

_____

_____

_____

_____

_____

_____

_____

_____

_____

_____

_____

_____

_____

_____

_____

_____

_____

_____

_____

_____

_____

_____

Sylvie Brien, *Les Templiers du Nouveau Monde*, Éditions Hurtubise, 2006.

Mots croisés | Remplissez la grille de mots croisés à l'aide des noms composés au pluriel correspondant à chacune des définitions. Ces noms doivent être écrits sans trait d'union et sans accents.

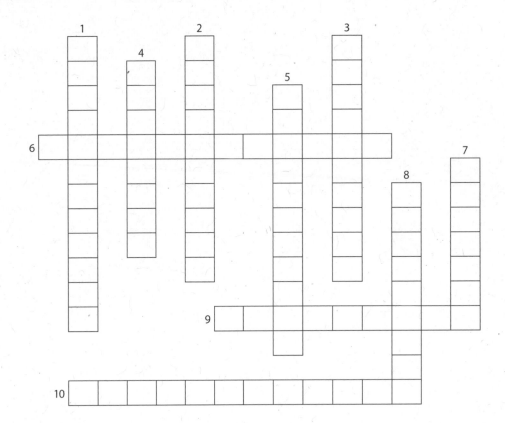

Horizontalement

6. Goûts, souvent désagréables, laissés par certains aliments ou certaines boissons.

9. Balustrades placées, entre autres, le long des ponts pour empêcher les chutes.

10. Études préliminaires réalisées pour la préparation d'un projet.

Verticalement

1. Dans les films, les voleurs de banque essaient souvent de les ouvrir avec des explosifs.

2. Couvertures légères et décoratives que l'on met sur les lits.

3. Aperçus. C'est aussi un antonyme du nom défini au numéro 6.

4. Sur l'échelle musicale, ils représentent les intervalles équivalant à la moitié d'un ton.

5. Sortes de choux que l'on sert surtout en soupe ou en gratin.

7. Façon dont les femmes désignent les hommes avec lesquels elles étaient mariées.

8. Rotations à 180 degrés.

1. RÉVISION

DICTÉE D'ÉVALUATION 1 (p. 5)
Orthographe lexicale et grammaticale

Cette première dictée vous permet d'évaluer votre niveau général en orthographe.

Dans le texte, certains mots sont mis en valeur, car ils ciblent spécifiquement des difficultés abordées dans les deux premières parties de cet ouvrage : **A. Orthographe lexicale** et **B. Orthographe grammaticale**. Vous pouvez donc vous reporter aux leçons correspondantes si vous avez fait des erreurs en écrivant ces mots.

- Les mots soulignés renvoient à des difficultés propres à l'orthographe lexicale. Par exemple, si l'on n'a pas écrit correctement le son « k » dans « cueillies », on peut se reporter à la leçon 1 : **Écrire correctement le *c* devant une voyelle**.
- Les **mots en gras** renvoient à des difficultés propres à l'orthographe grammaticale. Par exemple, si l'on a confondu dans le texte les homophones *soi, sois, soit* et *soient*, on peut se reporter à la leçon 3 : **Distinguer les homophones *soi*, *sois*, *soit* et *soient*.**

Ces indications peuvent vous aider à cibler certaines lacunes à combler en priorité. Cependant, vous pouvez tout aussi bien aborder chacune des leçons dans l'ordre où elles se présentent dans le cahier.

Texte de la dictée :

Ma grand-mère Élisa a vécu toute sa vie dans le quartier Hochelaga-Maisonneuve dont elle ne franchissait les frontières **qu'en** cas d'absolue nécessité. Elle répétait **sans** cesse : « On est si bien chez **soi**. » Mes parents auraient aimé qu'elle passe une partie de l'été avec nous **soit** au chalet, **soit** dans notre maison de Granby. Mais mamie considérait qu'elle faisait un long **parcours** dès qu'elle prenait le métro ! Si elle se rendait de la station Viau à la station Mont-Royal, elle **s'en** émerveillait pendant une semaine entière ! Bien **qu'ils soient** peinés de son entêtement à rester à Montréal, mes parents étaient rassurés de voir qu'Élisa était si énergique.

Les meilleures amies d'Élisa, les sœurs Deschamps, logeaient dans un grand appartement. Ma grand-mère **leur** rendait fréquemment visite. Les trois complices cuisinaient au cours de **leurs** après-midi passés ensemble. **Leurs** soupes et **leurs** galettes à l'avoine étaient délicieuses. L'été, elles **concoctaient** des tartes avec des framboises fraîchement cueillies. Quel régal ! **Quand** je me **rappelle** ces années de mon enfance, je **sens** encore l'odeur du chocolat chaud parfumé à la cannelle que les deux sœurs me préparaient lorsque j'allais chez elles, accompagnée de mamie. **On** m'y recevait comme une princesse. La vie m'apparaissait alors **sans** aucun **souci** !

A. ORTHOGRAPHE LEXICALE

1. Écrire correctement le *c* devant une voyelle (p. 6)
Exercice 1

a) Cet échec cuisant (k) l'a rendu cynique (s).
b) Cette recette (s) de salade niçoise (s) est facile (s) à préparer.
c) Nous mangeons de délicieuses (s) tartines à la confiture (k) d'abricots (k).
d) Le fiancé (s) de Bianca (k) menaça (s) d'annuler les fiançailles (s).
e) François (s) a donné rendez-vous à Franco (k) dans un cybercafé (s).
f) Le lycée (s) français (s) de Moscou (k) recrute des remplaçants (s).
g) Luc a cueilli (k) des fraises, puis il les a déposées dans la bassine de cuivre (k).
h) J'ai aperçu (s) la façade (s) toute lézardée de l'immeuble.
i) Dans la prochaine leçon (s), nous verrons comment accrocher un ver à l'hameçon (s).
j) Cécile (s) et Camille (k) ont des soupçons (s).
k) En voulant s'évader, le forçat (s) récalcitrant (s) a glissé sur un limaçon (s).
l) Il grimaçait (s) chaque fois qu'un glaçon (s) heurtait sa dent sensible.

Exercice 2

a) Je l'ai remercié d'avoir rangé son capharnaüm.
b) Désarçonnée par la tournure des événements, Marie fronçait les sourcils.
c) Préfères-tu un suçon à la menthe ou une sucette à la fraise ?
d) Des cygnes nageaient çà et là.
e) Ses perceptions sont toujours tendancieuses.
f) L'encre de ce stylo est difficilement effaçable.
g) Ses gerçures ont cicatrisé facilement.
h) Un tronçon de l'autoroute 40 sera fermé pour cause de réparations.

Exercice 3

« Après l'exécution, on forgea sur le cadavre de la suppliciée cette singulière enveloppe, et l'on suspendit le tout au bras d'un immense gibet qu'on éleva sur les hauteurs de Lévis, au carrefour dont j'ai parlé plus haut.

On conçoit quel sujet de terreur cette effrayante exhibition fut pour les habitants du lieu et pour les passants.

Ce cadavre encerclé de fer, que les oiseaux de proie et de nuit venaient déchiqueter, qui tendait lamentablement ses bras fantastiques à tous les horizons, et qui se balançait au vent en grinçant à son crochet rouillé, fut bientôt le sujet de mille légendes plus ou moins noires.

La Corriveau descendait la nuit de sa potence et poursuivait les voyageurs attardés.

Quand l'obscurité était bien opaque, elle s'enfonçait dans le cimetière, et, vampire bardé de fer, elle assouvissait ses horribles appétits à même les tombes nouvellement fermées. »

Louis Fréchette, « La cage de la Corriveau », conte publié en 1885.

Exercice 4

a) On lui fit un **accueil** chaleureux.

b) L'homme déposa lentement sa **cuillère**.

c) Le **cercueil** se referma sur le corps enveloppé dans son **linceul**.

d) La **cueillette** des pommes va bientôt commencer.

e) Il y a plein d'**écueils** près de ces côtes.

f) Ce **recueil** de poésie m'a beaucoup plu.

g) Nous avons **accueilli** ces orgueilleux.

h) Nous **cueillons** de délicieux champignons que nous déposons dans notre **écuelle**.

2. Écrire correctement le *g* devant une voyelle (p. 8)

Exercice 1

a) Le **ge**ai (je) bleu chante **g**aiement (gue).

b) Les ba**g**ages (gue) des voya**g**eurs (je) ont été é**g**arés (gue).

c) L'attitude arro**g**ante (gue) et intransi**ge**ante (je) de **Gu**y (gue) lui a nui.

d) Dans la salle de bin**g**o (gue), certains font des bla**gu**es (gue) pendant que d'autres font des échan**g**es (je).

e) Il y a eu une en**gu**eulade (gue) au beau milieu de l'a**g**ora (gue).

f) La **g**ymnaste (je) a**g**ile (je) fournit des efforts ré**g**uliers (gue).

g) Un pi**ge**on (je) est perché sur le **gu**idon (gue) de la vieille bicyclette.

h) Les **gu**enons (gue) poussent des cris puissants pour éloigner les autres sin**g**es (je).

i) **G**ermaine (je) et **G**érard (je) font des plon**ge**ons (je) verti**g**ineux (je).

j) Ce **ge**ôlier (je) manque de ju**ge**ote (je).

k) Un i**g**uane (gue) se promène sur la **g**alerie (gue).

l) L'estur**ge**on (je) **g**igantesque (je) na**g**e (je) à contre-courant.

m) Ce **g**este (je) élé**g**ant (gue) lui a permis de **g**agner (gue) l'estime du public.

Exercice 2

a) Ces **g**ardénias et ces bégonias ont plein de bour**ge**ons.

b) Je l'ai va**gu**ement reconnu parmi la foule des figurants.

c) Le régisseur est agacé par ces bruits déran**ge**ants.

d) Les élèves bougons ne veulent pas ouvrir leur manuel de conju**g**aison.

e) Son lan**g**age est grossier, son or**gu**eil démesuré.

f) Ils exigent que nous respections nos enga**g**ements.

g) À cette heure tardive, la fati**gu**e gagne les spectateurs.

h) **G**ageons que cette gigue réjouira les invités.

Exercice 3

a) Les enfants font du vélo en **zigzaguant**.

b) Ce chemin étroit et **zigzagant** mène au sommet de la montagne.

c) Ce mystère **intrigant** est loin d'être résolu.

d) Les courtisans n'aidaient pas leur cause en **intriguant**.

e) L'enfant hurlait, **fatiguant** son entourage.

f) Stéphane s'est coupé en **élaguant** cet arbre.

g) Ce cheval **fringant** vient de gagner la course.

Exercice 4

«Pendant de **longues** secondes **angoissantes**, incapable de juger de la situation faute de voir les combattants, je reste là, muet, le cœur battant, à écouter les moindres bruissements que la forêt, tantôt **généreuse** de sons, maintenant avare, veut bien me dispenser. Un glissement ici, un chuintement là, un friselis de la brise, un frelon d'insecte. Je me dis que cette attente est pire en frayeur que toute scène de combat. La seconde d'après, la mêlée éclate pour me prouver le contraire.

Au calme précédent succèdent les cris de **guerre** ainsi que le claquement sinistre des flèches et des **zagaies** qui se plantent dans les troncs et dans les chairs. Hurlements de haine et de douleur s'entrelacent tels les torons d'un **cordage**, appuyés de jurons caribes, renforcés d'injures, transformant cette terre qu'il y a une heure encore je comparais au paradis en une **géhenne** de souffrance et de mort.

Entre les **tiges** qui me voilent la piste, les doigts refermés sur la mousse du sol comme le bébé **singe** accroché au **pelage** de sa mère, je vois passer les jambes d'un **guerrier** qui fuit.»

Camille Bouchard, *Pirates 1. L'Île de la Licorne*, Éditions Hurtubise, 2008.

3. Employer correctement les majuscules (p. 10)

Exercice 1

Pâques   saint **J**ean-**B**aptiste   les **I**nuits
un disciple de **B**ouddha   **P**oséidon
une entreprise québécoise   **M**ilou   la planète **S**aturne

Exercice 2

Quand j'étais enfant, ma mère me faisait frissonner en me lisant l'**h**istoire du Bonhomme **S**ept **H**eures[1], ce redoutable personnage des contes québécois. La légende de la **C**orriveau était cependant celle qui me terrifiait le plus. Au **N**ouvel **A**n, mon **g**rand-père[2] Julien nous racontait des récits de **l**oup-garou ainsi que des mythes **a**mérindiens. Il avait longuement côtoyé les **A**bénaquis durant sa jeunesse. Je regardais la **V**oie lactée par la fenêtre et j'imaginais entendre la voix du **G**rand Esprit dans le souffle du vent. D'autres fois, je croyais plutôt voir le regard noir de **S**atan lorsque **m**aman[2] me répétait pour la trentième fois d'aller me coucher.

1. Le mot *Bonhomme* prend une majuscule puisqu'il représente ici le nom de ce personnage imaginaire. L'expression *Sept Heures* s'écrit également avec des majuscules, car elle a ici la valeur d'un surnom.

2. Les mots *grand-père* et *maman* sont des noms communs et non des noms propres.

Exercice 3

la **N**ouvelle-**F**rance   le **B**as-**C**anada   le **M**oyen **Â**ge
le **G**rand **D**érangement   la **G**rande **G**uerre
la **D**euxième **G**uerre mondiale   l'**I**rlande du **N**ord
le mont **A**lbert   le boulevard **S**aint-**J**oseph **E**st
le fjord du **S**aguenay   la **R**évolution tranquille
la place d'**A**rmes

Exercice 4

a) «Calgary, c'est autre chose. Il n'y a pas de ruelles ni de rues étroites, encore moins de dédales. Toutes les rues sont tirées à la règle, du nord au sud, et les avenues également de l'est à l'ouest.»

b) «L'Est[1] est un lieu mythique, avec des murs épais qui ont vu passer des générations et ont gardé le silence sur des crimes oubliés. Et c'est aussi, bien sûr, la patrie de mes auteurs préférés, Lovecraft et Edgar Poe.»

c) «S'il y a un paysage étonnant entre Terre-Neuve et les Rocheuses, c'est bien là qu'il se trouve. Les Badlands, c'est comme un voyage dans le temps. C'est le plus grand cimetière de dinosaures au monde!»

d) «Notre première visite a été pour le musée Tyrrell de paléontologie.»

e) «Quelquefois, David me parle de Québec, de Boston, de ces villes de l'Est[1], assez anciennes pour connaître les fantômes, pour avoir déjà leur mythologie et leurs peurs ancestrales, ensevelies sous les vieilles pierres.»

f) «Nous étions tous les trois, Mike, David et moi, et j'étais complètement fasciné par ce paysage fantomatique. [...] J'avais l'impression d'être transporté sur la planète Mars, ou dans une autre époque, une époque d'avant l'homme, et de déambuler dans une ville morte édifiée jadis par un peuple disparu...»

Laurent Chabin, *Nuits d'angoisse*, «Piège à conviction», Éditions Hurtubise, 2007.

1. *L'Est* en tant que *lieu mythique* est considéré comme une région. C'est pour cette raison que le mot prend une majuscule.

Exercice 5

a) Roxanne est allée à la bibliothèque La Petite-Patrie pour emprunter *Bonheur d'occasion* et *Rue Deschambault* de Gabrielle Roy.

b) Marc travaille au Centre national de la recherche scientifique.

c) Hélène doit remplir, pour la première fois, une déclaration fiscale du ministère du Revenu.

d) Ils sont membres de l'Union des écrivaines et des écrivains québécois.

e) Durant son voyage en Espagne, Pierre s'est rendu au musée du Prado pour y admirer *Les Ménines* de Vélasquez.

f) Pour nous rendre au Centre canadien d'architecture, nous sommes descendus à la station Guy-Concordia.

g) Il y a un article sur le réaménagement de la place des Arts dans *Le Journal de Montréal*, aujourd'hui.

h) Nous avons pique-niqué au bord de la rivière Jacques-Cartier, dimanche. Marie avait apporté un vin de Nouvelle-Zélande.

i) À l'époque où j'habitais dans la ville de Fermont, les longs hivers me laissaient tout le temps nécessaire pour lire des romans-fleuves, comme *À la recherche du temps perdu*.

j) La secrétaire d'État aux Affaires étrangères s'est rendue en Suède la semaine dernière.

Exercice 6

Pour les besoins de l'exercice, nous avons restitué l'orthographe moderne dans le texte de François-Xavier Garneau :

«Les Canadiens sont aujourd'hui un peuple de cultivateurs dans un climat rude et sévère. Il n'a point en cette qualité les manières élégantes et fastueuses des populations méridionales, et ce langage qui semble sortir de cette nature légère et intarissable qu'on ne connaît point dans les hautes latitudes de notre globe. Mais il a de la gravité, du caractère et de la persévérance. Il l'a montré depuis qu'il est en Amérique, et nous sommes convaincu que ceux qui liront son histoire avec justice et bonne foi, avoueront qu'il s'est montré digne des deux grandes nations aux destinées desquelles son sort s'est trouvé ou se trouve encore lié.

Au reste, il n'aurait pu être autrement sans démentir son origine. Normand, Breton, Tourangeau, Poitevin, il descend de cette noble race qui marchait à la suite de Guillaume le Conquérant[1], et dont l'esprit enraciné ensuite en Angleterre, a fait de cette petite île une des premières nations du monde; il vient de cette France qui marche à la tête de la civilisation européenne depuis la chute de l'Empire romain, et qui dans la bonne comme dans la mauvaise fortune, se fait toujours respecter; qui sous ses Charlemagne comme sous ses Napoléon ose appeler toutes les nations coalisées dans des combats de géants; il vient surtout de cette Vendée normande, bretonne, angevine dont le monde respectera toujours le dévouement sans bornes pour les objets de ses sympathies royales et religieuses, et dont le courage admirable couvrira éternellement de gloire le drapeau qu'il avait levé au milieu de la Révolution française.»

François-Xavier Garneau, *Histoire du Canada depuis sa découverte jusqu'à nos jours*, imprimé par John Lovell, tome IV, 1852.

1. On doit mettre une majuscule au nom *conquérant* parce qu'il a ici la valeur d'un surnom.

B. ORTHOGRAPHE GRAMMATICALE
1. Distinguer les homophones verbe / nom (p. 14)
Exercice 1

a) discourir : je discours / un discours
b) éclaircir : j'éclaircis / une éclaircie
c) envoyer : j'envoie / un envoi
d) exclure : j'exclus / un(e) exclu(e)
e) geler : je gèle / un gel
f) soutenir : je soutiens / un soutien
g) substituer : je substitue / un(e) substitut(e)
h) transférer : je transfère / un transfert
i) affluer : j'afflue / un afflux
j) convertir : je convertis / un(e) converti(e)
k) manquer : je manque / un manque
l) skier : je skie / un ski
m) masquer : je masque / un masque
n) étiqueter : j'étiquette / une étiquette
o) crier : je crie / un cri
p) entretenir : j'entretiens / un entretien

Exercice 2

a) La foule leur a demandé un **rappel** après leur **salut**.

b) J'**interviewe** le gagnant du **concours**.

c) Jean **balaie** sa chambre et son frère **trie** le linge à laver.

d) Vous m'avez donné un mauvais **conseil** et cela m'a causé un grand **ennui**.

e) Il **démentit** fermement la rumeur selon laquelle le **convoi** humanitaire avait été attaqué.

Exercice 3

En avril, Alex relèvera le **défi** de traverser une partie du Québec ainsi que l'Ontario par le sentier Transcanadien. Il **calcule** que ce **parcours** lui prendra de nombreuses semaines. Il ne se **soucie** pas de l'effort physique qu'il devra déployer. Par contre, il craint de devoir endurer quelques périodes de **gel**. Ce périple qu'il **désire** faire depuis longtemps va lui permettre de recueillir des fonds pour la Société canadienne du cancer. Cet **appui**, il le donne du fond du cœur et sur les **conseils** de sa mère qui est en rémission d'un cancer du sein.

2. Distinguer les homophones *on*, *on n'* et *ont* (p. 16)
Exercice 1

a) Depuis cet événement, on **n'**a jamais su ce qu'il était devenu.

b) Les secours sont arrivés à temps et on a pu le sauver.

c) On **n'**a aucune information sur les possibilités d'hébergement et on **n'**a nulle part où aller.

d) On **n'**a plus l'énergie ni la volonté de s'opposer à cette décision qu'on a longtemps combattue.

e) On **n'**a point l'intention de vendre l'entreprise et on a un plan pour la conserver.

Exercice 2

a) Hier, on 🗶a pu le remplacer, mais heureusement on n'aura pas à le faire aujourd'hui.

b) Jamais on n'a vu tomber autant de neige et on 🗶a pris de superbes photos.

c) Même si on 🗶envie leur succès, on n'a pas l'intention de les imiter.

d) On 🗶a reporté notre rendez-vous à plus tard.

e) On n'envisage guère de lui mentir, car on n'a pas envie de le blesser.

Exercice 3

a) Dans les vignobles de la Montérégie, **on** a cueilli des raisins qui **ont** un goût exquis.

b) Doit-**on** encore répéter que ces rumeurs n'**ont** aucun fondement ?

c) Éric et Lucie **ont** emménagé ensemble et **on** les a aidés à déménager.

d) Les parents **ont** fait de la motoneige tandis que les enfants **ont** skié.

e) **On** n'y peut rien si les élèves **ont** oublié de rendre les livres à la bibliothèque.

f) **Ont**-ils noté le nom de l'endroit où l'**on** doit se retrouver ?

g) Elles **ont** visité le Vieux- Québec et **ont** aimé se promener dans ses rues.

h) **On** saura bientôt s'ils **ont** fait leur choix.

i) Sophie et Martin **ont** décidé de partir au Portugal, ils **ont** pris leurs billets d'avion hier.

j) Plus **on** est de fous, plus **on** rit.

Exercice 4

« Puis [Basile] s'interrompt en ce moment pour prendre
Son calumet de terre et le charbon fumant
Qu'Évangéline allait lui porter poliment.
Et bientôt il ajouta : "Je n'aime point pour hôtes
"Ces navires anglais mouillés près de nos côtes.
"Leurs énormes canons qui sont braqués sur nous
"Ne nous annoncent point les desseins les plus doux ;
"Mais quels sont ses desseins ! sans doute qu'**on** l'ignore.
"**On** sait bien qu'il faudra quand la cloche sonore
"Appellera le peuple à l'église demain,
"S'y rendre pour entendre un mandat inhumain ;
"Et ce mandat, dit-**on**, émane du roi George.
"Or, plus d'un paysan soupçonne un coupe-gorge.
"Tous sont fort alarmés et se montrent craintifs !"
Le fermier répondit : — "De plus justes motifs
"**Ont** sans doute amené ces vaisseaux sur nos rives :
"La pluie, en Angleterre, ou les chaleurs hâtives
"**Ont** peut-être détruit les moissons sur les champs,
"Et pour donner du pain à leurs petits enfants,
"Et nourrir leurs troupeaux, les grands propriétaires
"Viennent chercher les fruits de nos fertiles terres."
"Au bourg l'**on ne** dit rien d'une telle raison,
"Mais l'**on** pense autrement », reprit le forgeron. »

Henry Wadsworth Longfellow, *Évangéline*, traduction de Pamphile Le May imprimée par P. G. Delisle, 1870.

3. Distinguer les homophones *soi*, *sois*, *soit* et *soient* (p. 18)
Exercice 1

a) Être **soi** (pronom) est une qualité, mais n'aimer que **soi** (pronom) est un défaut.

b) Les entraîneurs se prononceront sur ces nouveaux équipements pourvu qu'ils se **soient** (verbe) consultés auparavant.

c) Vous devez vous rendre à la cafétéria, **soit** (conjonction) au sous-sol de l'aile Sauvé.

d) Le fait que Sophie **soit** (verbe) diplômée en littérature lui permettra **soit** (conjonction) d'être enseignante, **soit** (conjonction) d'être écrivaine.

e) Où que l'on **soit** (verbe), il vaut mieux garder ses papiers importants sur **soi** (pronom).

f) Arrivé à l'orée du bois, il faut tourner **soit** (conjonction) à gauche pour prolonger la promenade d'une heure, **soit** (conjonction) à droite pour rentrer.

g) Avoir confiance en **soi** (pronom) est nécessaire pour réussir dans ce métier.

h) Julie est rentrée un mois plus tard que Stéphane, **soit** (conjonction) à la mi-juin.

Exercice 2

Mélodie, du haut de ses trois ans, lance continuellement des « non » retentissants. Hier après-midi, **soit** (conjonction) à seize heures pile, elle a même refusé de la mousse au chocolat. Elle a voulu se raviser aussitôt, cela va de **soi** (pronom). Hélas ! Sa mère lui a répondu : « Ma puce, **soit** (**conjonction**) tu dis "oui", **soit** (**conjonction**) tu dis "non". Mais quoi qu'il en **soit** (**verbe**), tu ne peux pas dire "oui" et "non" à la fois ! » Mélodie, qui ne manque pas de confiance en elle, n'a pas abandonné la partie et, d'un air espiègle, elle a demandé : « Si je te dis "peut-être", vas-tu m'en donner ? »

Exercice 3
a) Bien qu'elles soi**ent** neuves, ces bottes prennent l'eau.
b) Le cardinal s'est envolé avant que je soi**s** capable de le photographier.
c) Mathilde a emprunté la voiture sans que sa mère en soi**t** informée.
d) Les médecins t'ont permis de faire ce voyage à condition que tu soi**s** de retour dans deux semaines.
e) Il faut impérativement que tous les invités soi**ent** là quand Claire arrivera.

Exercice 4
a) En voyage, avoir son passeport sur **soi** est nécessaire si quoi que ce **soit** arrive.
b) Je t'appelle **soit** après la réunion, **soit** au cours de la soirée afin que tu **sois** au courant des derniers développements.
c) André et Monique se sont tus de peur que leurs idées **soient** mal reçues.
d) Prions pour que les humoristes **soient** distrayants et que le public **soit** bienveillant.

4. Distinguer les homophones *qui l'*, *qu'il* et *qu'ils* (p. 20)
Exercice 1
a) Où **qu'ils** aillent, on les accueille toujours à bras ouverts.
b) Nous irons à la pêche, **qu'il** pleuve ou **qu'il** vente.
c) La chance **qui l'**a fui pendant tant d'années lui sourit enfin.

Exercice 2
a) La collection de prêt-à-porter qu'**il** dessine sera présentée à des acheteurs new-yorkais.
b) Le plat qu'**ils** préfèr**ent** est le couscous royal.
c) Les élèves de la classe ont présenté des exposés sur les personnalités qu'**ils** admir**ent**.
d) Les revenus qu'**il** déclare au fisc ne sont pas ceux qu'**il** gagne réellement.
e) Qu'**il** proteste ou non, il ira tout de même en retenue.
f) Les plats qu'**il** cuisine sont délicieux.

Exercice 3
a) Il y a toujours un monde entre ce **qu'ils** disent et ce **qu'ils** font.
b) Comment Thomas a-t-il pu surmonter la peine **qui l'**a envahi après le décès de son fils ?
c) La maladie **qu'il** a combattue l'a laissé fort affaibli.
d) Les arbres centenaires **qui l'**entourent procurent beaucoup de fraîcheur à cette somptueuse demeure.
e) Les friandises **qu'il** préfère sont celles qui goûtent la réglisse.
f) La joie **qui l'**a tenu éveillé une partie de la nuit cède finalement sa place à la fatigue.

Exercice 4
a) « Pendant ces scènes attendrissantes, le vieux chien Mordfort qui avait grondé sourdement en voyant cet étranger, avait bien vite flairé son ancien maître ; le pauvre animal avait pardonné depuis longtemps à Charles la blessure **qu'il** lui avait faite en partant, et **qui l'**avait rendu boiteux ; et il s'était attaché à sa jambe, en poussant des hurlements de joie. »

Patrice Lacombe, *La terre paternelle*, 1846.

b) « Non : je n'ai jamais eu de trouble avec les Sauvages ; je me suis toujours bien accordé avec eux. Ceux de la Mistassini et de la rivière d'icitte je les connais presque tous, parce **qu'ils** venaient chez nous avant la mort de mon père.

« Voyez-vous, il chassait souvent l'hiver, quand il n'était pas aux chantiers, et un hiver **qu'il** était dans le haut de la Rivière-aux-Foins, seul, voilà qu'un arbre **qu'il** abattait pour faire le feu a faussé en tombant, et ce sont des Sauvages **qui l'**ont trouvé le lendemain par aventure, assommé et à demi gelé déjà, malgré que le temps était doux. Il était sur leur territoire de chasse et ils auraient bien pu faire semblant de ne pas le voir et le laisser mourir là ; mais ils l'ont chargé sur leur traîne et rapporté à leur tente, et ils l'ont soigné. »

Louis Hémon, *Maria Chapdelaine*, 1914.

5. Distinguer les homophones *sans*, *s'en*, *sens* et *sent* (p. 22)
Exercice 1
a) La jeune héritière dépense **sans** compter et elle **s'en** moque.
b) Si Chloé lui parle **sans** qu'il se soit calmé, elle **s'en** mordra les doigts.
c) Il vaut **sans** doute mieux choisir ce produit **sans** colorant.
d) Ces hors-la-loi sont **sans** peur et **sans** reproche.
e) Cet écosystème est menacé et les écologistes **s'en** préoccupent grandement.
f) Le canot dérivait lentement, **sans** qu'on **s'en** rende compte.
g) Il est parti **sans** laisser d'adresse.
h) Isabelle **s'en** occupera demain, **sans** faute.

Exercice 2
a) Je ne me **sens** vraiment pas bien.
b) Le chien renifleur **sent** le vêtement que son maître lui tend.
c) **Sens**-tu cette horrible odeur d'œufs pourris ?
d) Charlotte **sent** que ses parents lui cachent la vérité.
e) On **sent** que le temps se gâte.
f) Dans une telle situation, tu **sens** qu'il ne vaut mieux pas insister.
g) Après quatre heures de marche, je **sens** que mon pied droit me fait de plus en plus mal.

Exercice 3
a) Ils **s'en** remettent à vous **sans** aucune inquiétude.
b) Je me **sens** beaucoup mieux **sans** toute cette pression.
c) Tout cela **sent** mauvais et je **sens** que je vais me retirer de cette affaire.
d) Si tu **sens** que tu dois abandonner ce projet, fais-le **sans** délai.

e) Vincent part étudier en Angleterre **sans s'en** faire parce que sa sœur va s'occuper de son appartement pendant son absence.

Exercice 4

a) « Aurèle prend part aux préparatifs. Chacun **sent** son inquiétude et nous nous employons à le réconforter. [...]

Maréchal ouvre la marche. [...] Ainsi, à la file indienne, nous formons un étrange cortège tandis que nous nous enfonçons lentement dans la forêt, **sans** un regard en arrière.

Il neige de plus en plus. [...] Le temps est maussade et le vent nous tourmente. Il faut avancer **sans** cesse si nous ne voulons pas geler. [...]

— *Goddam! My feet are frozen!* Je ne les **sens** plus, lance McAllister avec une pointe de colère dans la voix. »

Michel Noël, *Altitude zéro*, « La ligne de trappe »,
Éditions Hurtubise, 2005.

b) Mes enfants adorent les tempêtes hivernales. Ils se précipitent dehors **sans** attendre. Le plus jeune fait un bonhomme de neige et il se **sent** particulièrement fier lorsqu'il lui plante une énorme carotte en guise de nez. Le plus vieux insiste pour sortir **sans** son pantalon de ski alors qu'il **s'en** va glisser avec ses copains. Même le chien **s'en** mêle. Il **sent** la neige et la pousse du museau comme s'il cherchait un os. Puis il aboie **sans** retenue en pourchassant les flocons qui tombent dru.

6. Distinguer les homophones *quand*, *quant* et *qu'en* (p. 24)
Exercice 1

a) Je me demande **quand** il sera opportun de lui annoncer la nouvelle.
b) Les médecins ont été honnêtes **quant** aux chances de réussite du traitement.
c) **Quand** il neige à Noël, c'est magique alors que **quand** il neige en avril, **c'en** est trop !
d) **Quant** au bouquet que vous m'avez envoyé, il est magnifique.
e) Tu sais, **quant** à moi, je ne pense pas aller à cette fête.

Exercice 2

a) Dieu sait **quand** il aura sa réponse !
b) **Quant** à vous, vous témoignerez **quand** le moment sera venu.
c) **Quand** la cloche de la récréation sonne, les élèves se précipitent dans la cour.
d) **Quant** à l'échéancier, il ne sera malheureusement pas respecté.
e) Les voleurs ont pris peur **quand** ils ont entendu les sirènes des voitures de police.
f) **Quant** à toi, tu ne perds rien pour attendre !
g) **Quand** il pleut, nous jouons à des jeux en attendant que ça passe.

Exercice 3

a) Le cycliste a freiné **quand** il s'est aperçu qu'il avait perdu une sacoche.
b) Julie a tant de livres qu'elle ne sait plus **qu'en** faire.

c) **Quand** penses-tu terminer la rédaction de ton roman ?
d) J'aime mieux voyager en autobus plutôt **qu'en** voiture.
e) Retire la crème du feu **quand** elle frémit. **Quant au** reste de la recette, je m'en occupe.
f) **Quant aux** conséquences que pourraient avoir vos gestes, il vaut mieux bien y réfléchir.
g) **Quant** à moi, je ne sais pas **quand** je pourrai emménager dans ma nouvelle maison.
h) Le concierge affirme **qu'en** tout temps les portes de l'auditorium sont restées verrouillées.
i) **Quant au** reste du groupe, il nous rejoindra cet après-midi.
j) **Quand** Sébastien pense **qu'en** quelques heures il aurait pu terminer son devoir, il regrette de n'avoir pas été plus persévérant.
k) **Quand** on a besoin d'elle, elle est toujours présente.

Exercice 4

Quand Paul s'est inscrit à ce cours d'entomologie, il ignorait **qu'en** même temps qu'il découvrirait cette vie minuscule, il rencontrerait le grand amour. **Quant** à Sophie, elle ne se doutait pas non plus **qu'en** étudiant les coléoptères elle allait trouver un partenaire. **Quand** elle raconte comment ils se sont courtisés, Sophie plaisante :

— **Quand** j'ai attrapé Paul dans mes filets, j'ai aussitôt pensé que c'était un spécimen rare.

Paul, qui ne manque pas d'humour, réplique :

— **Quant** à moi, j'en ai profité pour scruter Sophie à la loupe.

Quant à la suite de cette histoire, aujourd'hui encore, les deux tourtereaux filent le parfait amour. **Quand** ils prennent des vacances, ils voyagent toujours dans des pays tropicaux remplis d'insectes fabuleux.

7. Distinguer les homophones *leur* et *leurs* (p. 26)
Exercice 1

a) La mère de ces faons est morte et il a fallu **leur** (**pronom personnel**) donner le biberon.
b) Tu es mécontent, mais le **leur** (**pronom personnel**) as-tu signifié ?
c) Nous avons respecté notre part du marché et nous souhaitons qu'ils respectent la **leur** (**pronom possessif**).
d) Les responsables de la Croix-Rouge **leur** (**pronom personnel**) ont envoyé des vivres et des couvertures afin que tous les **leurs** (**pronom possessif**) soient à l'abri.
e) Ces colis sont-ils vraiment les **leurs** (**pronom possessif**) ? Si oui, pourquoi ne les **leur** (**pronom personnel**) as-tu pas encore livrés ?

Exercice 2

a) Ces restaurateurs doivent **leur réputation** à **leurs mets** du terroir.
b) Il y avait une centaine d'invités à **leurs fiançailles**[1] et trois cents à **leur mariage**.
c) Ils n'ont pas daigné lever **leurs yeux** de **leurs journaux**.
d) Les élèves de cette classe désespèrent tous **leurs enseignants**, particulièrement **leur enseignant** de musique.

1. Le nom *fiançailles* s'écrit toujours au pluriel.

Exercice 3

« Pour me lancer dans l'exigeante et passionnante aventure de l'écriture d'un roman, j'ai besoin d'une émotion forte. […] Il en est de même pour mes personnages. Ce sont des gens que je connais ou que j'ai tout simplement croisés dans mes pérégrinations. Ils m'ont marqué par **leur personnalité, leur allure physique, leurs manies, leur nom** ou encore **leur prénom**. Je m'inspire de ces éléments tirés du réel pour façonner mes personnages et concevoir mes aventures. […]

J'ai ainsi le privilège de rencontrer et de tisser des liens d'amitié durables avec des hommes et des femmes plus grands que nature. Ces personnages, chacun à **leur façon**, nourrissent mes amours, me soutiennent dans mes passions et alimentent mon imaginaire. Je **leur** dois d'être ce que je suis aujourd'hui et je **leur** en suis reconnaissant. »

Michel Noël, *Altitude zéro*, « Avant-propos », Éditions Hurtubise, 2005.

DICTÉE D'ÉVALUATION 2 (p. 29)
Accords et conjugaison

Cette deuxième dictée vous permet d'évaluer votre niveau général en orthographe.

Dans le texte, certains mots sont mis en valeur, car ils ciblent spécifiquement des difficultés abordées dans les deux dernières parties de cet ouvrage : **C. Accords en genre et en nombre** et **D. Conjugaison et accord des verbes**. Vous pouvez donc vous reporter aux leçons correspondantes si vous avez fait des erreurs en écrivant ces mots.

- Les mots soulignés renvoient à des difficultés d'accords en genre et en nombre. Par exemple, si l'on n'a pas accordé correctement l'adjectif « cramoisies », on peut se reporter à la leçon 1 : **Accorder les adjectifs de couleur.**
- Les **mots en gras** renvoient à des difficultés propres à la conjugaison et à l'accord des verbes. Par exemple, si l'on n'a pas accordé correctement le participe passé « Désespéré », on peut se reporter à la leçon 3 : **Accorder les participes passés sans auxiliaire.**

Ces indications peuvent vous aider à cibler certaines lacunes à combler en priorité. Cependant, vous pouvez tout aussi bien aborder chacune des leçons dans l'ordre où elles se présentent dans le cahier.

Texte de la dictée :

Désespéré, le comte Daveneau fit venir une paysanne **réputée** pour ses pouvoirs magiques afin d'exorciser sa fille qu'il croyait tout entière **possédée** par Satan. Lorsque la vieille femme pénétra dans la chambre de la malade presque **agonisante**, le comte, qui avait pourtant **croisé** de nombreux individus **effrayants** au cours de **toutes** les campagnes militaires qu'il avait **menées**, fut **parcouru** de frissons. Quant aux joues de sa femme, elles devinrent cramoisies. Tous deux avaient l'air d'être **tombés** dans le pire des coupe-gorge [coupe-gorges][1] !

La paysanne n'y fit guère attention. Ces nobles étaient tous les mêmes ! Bien que ceux-ci l'aient **suppliée** de porter secours à leur enfant, jamais ils ne lui manifesteraient une demi-once de sympathie. Elle se pencha à demi sur les cheveux de la jeune fille **alitée** pour la sentir. Elle se releva et sembla encore plus **terrifiante** lorsque son ombre, **éclairée** par les lampes à huile

que l'on avait **déposées** sur la table de nuit, se projeta sur le mur. Cette ombre gris foncé avait une forme mi-animale, mi-humaine. Avec ses jambes **déformées** par l'âge, son torse **amaigri** par les privations et sa chevelure en broussaille rousse, on aurait dit qu'elle faisait partie de la famille des loups-garous ! Ses yeux topaze semi-clos en faisaient même un véritable fauve aux yeux des bien-pensants.

1. On donne entre crochets le pluriel rectifié du nom composé *coupe-gorge*. Les deux orthographes, traditionnelle et nouvelle, sont acceptées.

C. ACCORDS EN GENRE ET EN NOMBRE
1. Accorder les adjectifs de couleur (p. 30)
Exercice 1

Adjectifs de couleur variables	Adjectifs de couleur invariables
argenté	citron
beige	ivoire
brun	jaune pâle[1]
doré	or
incarnat	orange
jaune	rouge tomate
noiraud	saumon
orangé	turquoise
rouge	vert amande
roux	
violacé	

1. Cet adjectif de couleur est composé de deux adjectifs. Il reste donc invariable.

Exercice 2

a) Au printemps, ces collines sont **verdoyantes**.
b) Dans l'armée, la plupart des uniformes sont **kaki**[1] ou **bleu marine**[2].
c) Ses lèvres **vermeilles** et ses cheveux **brun foncé** contrastent avec la pâleur de son teint.
d) Le soleil donne des reflets **nacrés** aux voiles **blanches** des bateaux qui voguent sur les ondes **bleu-vert**.
e) La journée s'achevait et, déjà, les nuages prenaient des teintes **pourpres** et **incarnates**.
f) La colère **noire** qui le dévorait ravivait les lueurs **fauves** de ses yeux.
g) Ses bas **bleus** contrastent avec ses chaussures **anthracite**.
h) Cette nature morte est réalisée dans des tons **pastel** : les nuances **vert tendre** alternent avec les teintes **bleu pâle** et **jaune clair** pour créer une douce harmonie.
i) Des nuages **noirs** roulaient au-dessus du lac qui avait pris des teintes **gris acier**. Des éclairs **blancs** zébraient l'horizon.

1. L'adjectif *kaki* dérive du nom *kaki* qui était « une étoffe brun jaunâtre dans laquelle on confectionnait les uniformes de l'armée britannique en Inde ».
2. L'adjectif composé *bleu marine* signifie le « bleu de la marine ». Le terme *marine* désigne le nom féminin. L'expression « bleu marin » constitue un québécisme.

Exercice 3

Les compagnies de peinture rivalisent d'ingéniosité pour attirer les consommateurs. Ainsi, elles n'offrent plus aux clients de simples couleurs telles que des tons **bleus**, **grèges**, **orange** ou **rouges**. Choisir une teinte devient désormais un véritable défi.

Les murs de la salle à manger seront-ils **cuivrés**, **pêche** ou **corail** ? Votre adolescent souhaite des tons **bleus** pour décorer sa chambre. Oui, mais préfère-t-il une ambiance **bleu turquoise** ou une ambiance **bleu urbain** ? Les goûts et les couleurs ne se discutent pas… Cela n'a jamais été aussi vrai !

Exercice 4

« Quand j'ouvris les paupières, les filets de lumière **rosée** s'infiltrant par les fissures des volets de ma fenêtre striaient joliment la pénombre de ma chambre. [...] Au-dehors, leurs murs de crépi **blanc** chapeautés de longues pierres d'ardoise, apparaissaient et disparaissaient entre les volets **bleus** des fenêtres. [...] Les deux maisons se distinguaient surtout par la tenue de leurs jardins. Des alignements de poiriers, de pruniers et de pommiers entouraient celle de mes parents tandis que chez tante Geneviève, des fleurs de toutes sortes s'ajoutaient à son impressionnante collection de rosiers. Tante Geneviève cultivait les roses pour leur beauté et leurs vertus médicinales : certaines, **rouges** et **jaunes**, jaillissaient du tapis des campanules **bleues** le long des allées, d'autres **pourpres** grimpaient aux murs de la maison tandis qu'une gerbe **rose pâle** cascadait sur le muret de pierre autour de la propriété. Autant dire qu'il y en avait partout ! »

Nicole Fyfe-Martel, *Hélène de Champlain 1. Manchon et dentelle*, Hurtubise HMH, 2003.

2. Accorder les noms composés liés par un trait d'union (p. 32)

Exercice 1

amour-propre	arrière-pensée	voiture-restaurant
longue-vue	bouche-trou	camion-citerne
chef-d'œuvre	contre-expertise	couvre-pied
essuie-tout	état-major	laisser-aller
bec-de-lièvre	ouï-dire	avant-goût
rouge-gorge	sourd-muet	tire-bouchon
Tout-Puissant	oiseau-mouche	

Exercice 2

- ❑ année-lumière (nom + nom : les rectifications orthographiques ne s'appliquent pas.)
- ☑ après-rasage (préposition + nom : les rectifications orthographiques s'appliquent.)
- ☑ avant-midi (préposition + nom : les rectifications orthographiques s'appliquent.)
- ☑ chasse-neige (verbe + nom : les rectifications orthographiques s'appliquent.)
- ☑ hors-piste (préposition + nom : les rectifications orthographiques s'appliquent.)
- ❑ nid-de-poule (nom composé formé de trois mots : les rectifications orthographiques ne s'appliquent pas.)
- ❑ pause-café (nom + nom : les rectifications orthographiques ne s'appliquent pas.)
- ☑ porte-malheur (verbe + nom : les rectifications orthographiques s'appliquent.)
- ☑ rabat-joie (verbe + nom : les rectifications orthographiques s'appliquent.)
- ☑ cure-dent (verbe + nom : les rectifications orthographiques s'appliquent.)

- ☑ contre-allée (préposition + nom : les rectifications orthographiques s'appliquent.)
- ☑ trouble-fête (verbe + nom : les rectifications orthographiques s'appliquent.)
- ☑ rince-bouche (verbe + nom : les rectifications orthographiques s'appliquent.)
- ☑ coupe-papier (verbe + nom : les rectifications orthographiques s'appliquent.)
- ☑ sous-ministre (préposition + nom : les rectifications orthographiques s'appliquent.)

Exercice 3 (la nouvelle orthographe est donnée entre crochets)

a) Ces serre-tête [**serre-têtes**] sont ravissants.

b) Durant les **pauses-café**[1], les **va-et-vient** sont nombreux.

c) Il est compréhensible que l'on trouve des **pieds-de-biche** et des porte-poussière [**porte-poussières**] dans une quincaillerie. Mais que dire des **sous-verre**[2] [**sous-verres**] et des salières ?

d) Ils ont dû prendre des décisions crève-cœur [**crève-cœurs**] lorsque la subvention du centre pour les sans-abri [**sans-abris**] n'a pas été renouvelée.

e) L'arbitre a signalé de nombreux hors-jeu [**hors-jeux**] au cours de la partie de hockey.

f) Les opinions des syndiqués sont à des **années-lumière**[3] de celle de l'employeur.

g) Les **pieds-d'alouette** sont des fleurs magnifiques.

1. Ce sont des pauses pour boire du café.
2. Ce sont des objets que l'on place sous un verre à la fois.
3. Cette unité de mesure correspond à la distance parcourue par la lumière dans le vide au cours d'une année.

Exercice 4

	Variable	Invariable
a) mini-golf	❑	☑
b) électro-encéphalogramme	❑	☑
c) garde-boue	❑	☑
d) garde-chasse	☑	❑
e) garde-fou	❑	☑
f) garde-magasin	☑	❑
g) garde-manger	❑	☑
h) garde-port	☑	❑
i) néo-Québécois	❑	☑
j) ultra-pression	❑	☑
k) Anglo-Saxon	❑	☑

Exercice 5

a) Les **procès-verbaux** de ces assemblées sont toujours de précieux **comptes-rendus**[1].

b) Les enfants s'amusent avec des **cerfs-volants**.

c) N'oubliez pas de remplir vos **coupons-réponse**[2].

d) Ces **micro-organismes** sont inoffensifs.

e) Cet encadreur offre un grand choix de **passe-partout**.

1. Le mot *compte* s'accorde, car il ne s'agit pas du verbe *compter*, mais du nom *compte*, employé dans le sens de *rendre des comptes*.
2. Chacun de ces coupons représente une seule réponse.

Exercice 6 (la nouvelle orthographe est donnée entre crochets)

Tous les membres de la famille avaient participé à cette mémorable vente-débarras, les **beaux-frères** et les **petits-cousins** compris. Mes oncles Gérald et Yvon s'étaient déguisés en **hommes-sandwichs**[1] pour faire de la publicité dans les **arrière-cours** qui donnaient sur la ruelle. Les livres usagés s'empilaient tels des **gratte-ciel [gratte-ciels]**. Il y avait des **bas-culottes** encore emballés, des **abat-jour [abat-jours]** poussiéreux, des **coupe-vent [coupe-vents]**, des **appareils-photo**[2]... Ma foi, nous aurions pu remplir deux **semi-remorques** avec tous ces objets. Nous aurions aussi pu garnir de très nombreux **garde-manger [garde-mangers]** : ma mère avait préparé des biscuits qu'elle servait soit avec de la limonade, soit avec des **cafés-crème**[3]. Plus tard, elle nous offrit des **hors-d'œuvre**. Ma sœur et moi nous nous occupions des **tiroirs-caisses** que nous avions fabriqués dans des boîtes de carton. Mes cousines dessinaient des **arcs-en-ciel** sur le mur du garage. Et les badauds étaient ravis. Même si les **lève-tôt** avaient raflé les articles les plus intéressants, il n'en restait pas moins qu'en fin de matinée, il y avait encore de bons achats à faire.

1. Ou des *hommes-sandwiches* puisque *sandwich* au pluriel peut également s'écrire *sandwiches*.
2. Ce sont des appareils pour faire de la photographie.
3. Ce sont des cafés servis dans des tasses ou des gobelets : on peut donc les compter. Par contre, on ne peut compter la crème qu'on y ajoute.

Exercice 7

Dans la dernière boîte, j'ai mis pêle-mêle tous les objets qui traînaient encore dans la maison : un **coupe-ongle**, un **casse-noisette**, un **porte-balai**, un **presse-agrume**, deux **abat-jours**, sept **presse-papiers** et un vieux **couvre-pied**, hérité de mon arrière-grand-mère. Puis j'ai écrit « divers » dessus, pour me souvenir, en arrivant, que ce ne serait pas la boîte la plus facile à vider...

3. Accorder *demi*, *semi* et *mi* (p. 36)
Exercice 1

	Variable	Invariable
a) **Ce** demi[1] est un joueur prometteur.	☑	☐
b) Cette frayeur l'a laissée demi-morte.	☐	☑
c) C'est un billet demi-tarif.	☐	☑
d) Julie a trois ans et demi.	☐	☑
e) Il est sept heures et demie.	☐	☑
f) L'autobus passe à **chaque** demie[1].	☑	☐
g) La visite dure une demi-heure.	☐	☑
h) Le fauve est à demi assoupi.	☐	☑
i) Mon demi-frère vit à Paris.	☐	☑

1. On constate que seuls les noms *demi* et *demie* (précédés d'un déterminant indiqué en gras) prennent la marque du pluriel.

Exercice 2

a) Jean fabrique ses bijoux avec des pierres **semi-précieuses.**
b) Jade a fait couper ses superbes cheveux. Elle a désormais une coiffure **mi-longue.**
c) Ses excuses nous laissent **mi-figue mi-raisin.**
d) Ces armes **semi-automatiques** sont dangereuses.
e) Ils ont rebroussé chemin à **mi-côte.**
f) À **mi-course**, il était déjà presque essoufflé.
g) **Mi-intrigués**, **mi-effrayés**, les enfants entrèrent dans la maison déserte, baignée par le clair de lune.
h) Elle s'adossa confortablement dans son fauteuil, les yeux **mi-clos**, savourant la chaleur réconfortante qui émanait du poêle à bois.

Exercice 3

Marthe est **semi**-retraitée depuis la **mi**-mai. Elle fait du bénévolat deux **demi**-journées par semaine dans un musée. Elle s'y rend les mardis et les jeudis, de neuf heures et **demie** à une heure et **demie**. Quand elle a du temps, elle admire les tableaux peints en **demi**-teintes. Les murs de certaines salles sont ornés de magnifiques **demi**-colonnes de plâtre. Certains artefacts particulièrement précieux sont gardés dans des vitrines éclairées à **demi**. Marthe aime entendre les visiteurs parler à **demi**-voix. Parfois, elle dîne au café du musée avec une autre bénévole. Elles y commandent le menu du jour ainsi qu'une **demi-bouteille** de vin blanc.

4. Accorder *même* (p. 38)
Exercice 1

a) Ses frères ont **même** figuré dans le documentaire qu'il vient de tourner.
b) Mes parents ont toujours partagé les **mêmes** valeurs.
c) Les fermiers ont **même** labouré certains terrains qui ne leur appartenaient pas.
d) Plusieurs années après la fin de son secondaire, elle avait gardé le **même** cercle d'amis et les **mêmes** ennemis.
e) **Même** en courant, vous n'arriverez pas à le rattraper.
f) Ces chiens sont joueurs, ce qui les rend **même** parfois insupportables.
g) Les **mêmes** causes mènent aux **mêmes** conséquences.
h) Malgré le mauvais temps, **même** les retardataires ont atteint le sommet avant la nuit.
i) Après toutes ces années, ils n'étaient plus les **mêmes**.
j) C'est à cet endroit **même** que nous nous sommes rencontrés.

Exercice 2

a) Annie et Clara se sont acheté les **mêmes** boucles d'oreille.
b) Ces paroles **même / mêmes**[1] sont méprisantes.
c) Cet exploit ne peut être répété que par les alpinistes **mêmes**[2] qui l'ont réussi la première fois.
d) Il existe des communautés francophones aux États-Unis **même**.
e) Ils n'ont pas déballé leurs cadeaux, car ils savaient que c'étaient les **mêmes** que ceux de l'année dernière.

f) Les élèves, **même** les plus studieux, ont été distraits par cet évènement.

g) Les filles et **même** les garçons se déhanchent sur ces rythmes endiablés.

h) Les patrons **même / mêmes**[3] doivent suivre les règles.

i) Leurs cours de natation ont lieu aux **mêmes** heures dans ces murs **mêmes**.

j) Ils sont demeurés modestes, **même** parvenus au faîte de leur gloire.

1. Cette phrase peut être interprétée de deux façons: «ces paroles *aussi* sont méprisantes» ou «ces paroles *elles-mêmes* sont méprisantes». Dans le premier cas, *même* est un adverbe et il est invariable. Dans le second cas, *même* est un adjectif et il s'accorde avec le nom *paroles*.

2. Ici, on veut signifier que «cet exploit ne peut être répété que par les alpinistes *eux-mêmes*» et non «par les alpinistes *aussi*». Le mot *même* est donc un adjectif et il s'accorde avec le nom *alpinistes*.

3. On peut dire «les patrons *aussi*» (*même*, adverbe: invariable) ou «les patrons *eux-mêmes*» (*même*, adjectif: accord avec le nom *patrons*).

Exercice 3

a) Mon père nous a répondu à mon frère et à moi: «Faites-le vous-**mêmes**.»

b) Marcel a lui-**même** fait les rénovations de son sous-sol.

c) En tant que mères, nous sommes nous-**mêmes** fort **concernées** au sujet de la sécurité routière autour de l'école du quartier.

d) Cher ami, je n'en ai parlé qu'à vous-**même**.

e) Ils s'accusent eux-**mêmes**.

f) Avoue-le! Toi-**même**, tu y as cru!

g) «Nous sommes nous-**même persuadé**[1] que notre client se rendra à la justice», admit l'avocat.

1. L'avocat parle de lui-même à la première personne du pluriel. C'est pourquoi l'adjectif *persuadé* demeure au singulier.

Exercice 4

a) Dans la cour, il y a deux jeunes chats, toujours les **mêmes**, qui se cachent et se poursuivent en miaulant.

b) Ils ont fait face aux **mêmes** difficultés que prévu et ont pris les **mêmes** décisions.

c) Les illustrations, **même** les mieux réussies, ne convenaient pas à ce genre de récit.

d) Couchées à **même** le sol, elles ont passé une mauvaise nuit.

e) Tu n'as **même** pas goûté au gâteau que j'ai préparé pour toi!

f) Cet antiquaire rachète **même** les meubles qui sont en très mauvais état.

g) Laissés à **eux-mêmes**, ils ont appris rapidement à se débrouiller.

h) Comme vous le constaterez par **vous-même**, ma chère, cette ville ne manque pas de divertissements.

Exercice 5

Même après nos vives protestations, les horaires des trains n'avaient pas été modifiés. C'était absurde que le service cesse à 18 heures **même** les fins de semaine. Les raisons pour lesquelles les responsables de la compagnie ferroviaire ne voulaient pas accéder à notre demande étaient toujours les **mêmes**: trop coûteux, pas assez d'employés… Heureusement, ces **mêmes** personnes allaient **elles-mêmes** changer d'avis quand **même** les notables de notre petite ville finirent par prendre notre parti.

Pour moi, cependant, ces modifications furent du pareil **au même**: mon père refusa obstinément que je sorte, **même** accompagnée de mon frère aîné. Il essaya d'appliquer ces règles avec les jumelles, qui étaient **elles-mêmes** beaucoup plus délurées que moi. Elles n'allaient quand **même** pas se laisser faire et elles lui désobéirent à la première occasion! Papa trouva un moyen plein de finesse pour ne pas perdre la face. Ainsi, je pus finalement sortir les samedis soirs, non pas chaperonnée par mon frère, mais chaperonnant **moi-même** mes jeunes sœurs…

Exercice 6

a) «Les mèches dorées de ses cheveux châtains et son teint hâlé parlaient **d'eux-mêmes**: Ludovic vivait au-dehors.»

b) «La poursuite de mon éducation m'obsédait au point que **même** mes pratiques d'escrime devinrent prétextes à l'acquisition de savoirs.»

c) «Ludovic perdait rarement le contrôle de ses humeurs, **même** ses colères étaient tempérées, l'expérience me l'avait rudement appris.»

d) «**Même** les moments les plus difficiles, comme ceux que vous traversez, **même** ceux-là me sont aujourd'hui de précieux souvenirs.»

e) «Des larmes couvrirent mes yeux. Je m'étais habituée aux larmes, elles m'étaient devenues de fidèles compagnes. Je les laissai couler jusqu'à ce qu'elles s'arrêtent **d'elles-mêmes**.»

f) «— Ces feuillets seront distribués sur la place de la Grève cet après-midi **même**!»

g) «— Taisez-vous, Ludovic, ne riez pas de… de ces choses, les châtiments, les punitions qui font souffrir et peuvent **même** tuer!»

h) «— Ce qu'il y a d'incroyable, c'est que là-bas, au Nouveau Monde, je voyais exactement **les mêmes**[1] étoiles. Leurs positions différaient, certes, mais c'étaient **les mêmes**.»

i) «— Les gendarmes, ils ne sont pas si malins que ça! clama subitement Isabeau. T'as vu, Mathurin, ils n'ont **même** pas de fusil!»

j) «Noémie et tante Geneviève se retournèrent d'un coup, observèrent le gâchis, échangèrent un regard complice et émirent un **même** éclat de rire.»

k) «Il ne sera pas dit qu'un cocher de mousquetaire soit incapable de retrouver un enfant perdu dans une foire de paysans! Cette petite ne s'est **tout de même** pas envolée en fumée!»

Nicole Fyfe-Martel, *Hélène de Champlain 1. Manchon et dentelle*, Éditions Hurtubise, 2003.

1. L'emploi du déterminant *leur* permet d'affirmer que plusieurs étoiles sont décrites, car, s'il n'avait été question que d'une seule d'entre elles, le locuteur aurait dit «*sa position*».

5. Accorder *tout* (p. 42)

Exercice 1

a) Cette personne est **toute** surprise de ce qui lui arrive.

b) La bibliothécaire est **tout** entière dévouée à sa tâche.

c) Les filles sont **tout** énervées et **tout** heureuses parce que leur grand-mère les emmène en croisière.

d) Les foules sont parfois **toutes** hargneuses.

e) Martine était **tout** ennuyée d'avoir oublié son rendez-vous. À vrai dire, elle était **toute** honteuse.

f) La jeune fille s'est couchée **tout** habillée.

g) Les étudiantes étaient **toutes** fébriles et **tout** emballées à l'idée de faire un séjour linguistique en Allemagne.

h) Après avoir fui cette horrible scène, elle était **tout** hébétée et **toute** haletante.

i) Ils ont embarqué au petit matin sur une mer **tout** agitée.

j) Les fleurs, **toutes** fanées, n'avaient plus rien de leur exubérance d'antan.

k) Valérie se promenait dans la ville en fête, elle s'arrêta devant la façade d'une belle maison **tout** illuminée. La première neige, **tout** humide, se changeait en eau sous ses pas.

l) Elle se sentait **toute** triste de n'avoir pu dire à temps ce qu'elle pensait. Elle regardait distraitement le chemin filer sous ses pas, **tout** absorbée par ce désagréable sentiment d'avoir manqué sa chance.

m) Après une semaine de ski dans le grand froid, ses lèvres étaient **toutes** gercées et son teint, **tout** hâlé.

Exercice 2

Ce projet immobilier avant-gardiste propose plusieurs touts distincts. Je suis tout particulièrement impressionné par l'importance accordée aux énergies renouvelables dans l'ensemble des bâtiments commerciaux. Tout[1] a été soigneusement pensé. Il y en a pour tous les goûts et pour toutes les bourses. Le tout est de savoir quelle sera la réponse du public.

1. Ici, le mot *tout* est un pronom indéfini : il signifie *toute chose*. Par contre, c'est un nom au début de la dernière phrase, car il est précédé d'un déterminant.

Exercice 3

a) **Tous** ces détails et **toute** sa scénographie rendent cette mise en scène brillante.

b) Je t'offre **toutes** mes condoléances.

c) **Toute** la famille se réunissait **tous** les dimanches.

d) **Tous** leurs biens, **toutes** leurs possessions ont été détruits dans l'incendie.

e) Tu gardes précieusement **toutes** tes économies pour faire ce voyage.

f) **Tout** notre savoir-faire est consigné dans ce précieux document.

g) **Toutes** vos idées sont bonnes, mais il faut les synthétiser.

h) **Tous** les jours depuis le début de l'été, elle nage une heure et demie avant de se rendre au travail.

Exercice 4

a) **Tous** (**les gens**) prennent des cours de conduite.

b) Il prend **tout** (**toute chose**) sans jamais rien donner.

c) Ils se prennent **tous** (**eux-mêmes**) pour des héros.

d) Les infirmières, les préposées, **toutes** (**les infirmières et les préposées**) prennent leur métier à cœur.

e) Ces décisions ont **toutes** (**les décisions**) été prises par une autre équipe.

f) Les moutons comme les brebis, **tous** (**les moutons et les brebis**) bêlent en me voyant arriver avec une brouette pleine de moulée.

Exercice 5

a) « L'unique livre que j'avais apporté avec moi […] m'avait été prêté par Zach. Il s'agissait d'un roman de Louis Ferdine intitulé *Sang d'encre*. […]. **Tout** à fait le genre d'histoire épouvantable dont je pouvais me passer dans un moment pareil !

J'ai donc délaissé ce livre et me suis allongée sur le futon **tout** habillée […].

Tout ici me paraissait gris et sans joie, comme si cette étrange maison avait eu le maléfique pouvoir de tuer dans l'œuf **toute** idée de bonheur…

Pour alourdir encore cet environnement déjà pesant, une vieille horloge fixée au mur m'assénait ses tic-tac avec une régularité opiniâtre qui commençait à me porter sur les nerfs. **Tous** les quarts d'heure, ce bruit lugubre était ponctué par une sorte de déclic […]. C'est sur cette impression d'angoisse que je me suis finalement laissée aller à une sorte de sommeil agité. Dans un rêve pénible s'enchaînaient sans relâche des images de murs suintants et de cadavres desséchés abandonnés dans des pièces dépourvues de **toute** ouverture… »

Laurent Chabin, *Nuits d'angoisse*, « Secrets de famille », Éditions Hurtubise, 2007.

b) « Quelques clients ont applaudi. […] Boris était seul contre **tous**. Grandiloquent, le directeur est arrivé pour régler le problème. Légalement, il ne pouvait empêcher Boris d'acheter autant de bouteilles de gaz qu'il le souhaitait. Mais là, c'était une question de prestige, d'image de marque. Il en allait de la morale même de Canada Dépôt. Ça n'était pas le moment d'avouer à ses clients que les affaires marchaient comme jamais, qu'il avait vendu **tout** son sel, **tous** ses pics à glace, **toutes** ses lampes de poche, **toutes** ses génératrices en stock, qu'il avait triplé sa commande livrable le lendemain et qu'il comptait **tout** écouler en une journée pour fracasser ses objectifs de ventes, avec une belle prime à la clef pour lui. »

Pierre Szalowski, *Le froid modifie la trajectoire des poissons*, Éditions Hurtubise, 2007.

D. CONJUGAISON ET ACCORD DES VERBES

1. Accorder le verbe avec des sujets multiples ou collectifs (p. 46)

Exercice 1

a) Ma mère et moi **irons** au cinéma demain soir.

b) Ce jeune homme et cette jeune fille **iront** ensemble au cinéma demain soir.

c) Théo, sa mère et toi **irez** au cinéma demain soir.

d) Mon chat et ma chienne **iront** chez le vétérinaire demain.

e) Mon chat et toi **irez** chez le vétérinaire demain.

f) Mon mari et mes enfants **iront** vous porter les livres après-demain.

g) Stéphane, Théo et moi **irons** lui porter les livres après-demain.

h) Stéphane, Théo et toi **irez** porter les livres après-demain.

Exercice 2

a) Dans la basse-cour, l'oie et la poule **se pourchassent**.

b) Ni l'automobiliste ni le cycliste ne **veulent** partager la voie.

c) La raillerie, ou le mépris, n'**arrange** rien.

d) Marc-Antoine et son ami **nagent** dans le lac.

e) Angèle ou Henriette **sont**[1] des grands-mères bénévoles.

f) Angèle ou Henriette **dicte**[2] la lettre à la secrétaire.

1. Toutes deux sont des grands-mères bénévoles.
2. L'action de dicter une lettre à voix haute ne peut être accomplie que par une personne à la fois.

Exercice 3

a) Cette équipe de footballeurs **revient** de loin. (Le jugement porte sur l'équipe et non sur les joueurs.)

b) L'ensemble des participants l'**applaudit** chaleureusement à la fin de l'atelier.

c) L'inspecteur de la Ville a averti mon voisin qu'il devra nettoyer l'amas de débris qui **empêche** l'accès à son garage. (C'est le tas de débris dans son ensemble, et non chacun des déchets, qui est visé par l'ordre de l'inspecteur.)

d) Le cortège des amis **entre** dans la maison et une dizaine de plats se **retrouvent** aussitôt sur la table de la salle à manger. (Chaque plat est considéré séparément.)

e) Le monde s'**attend** à ce que ce jugement soit porté en appel.

f) Des nuées d'oiseaux **traversent** le ciel. (Le nom collectif est au pluriel (des nuées), le verbe s'accorde donc au pluriel.)

g) Un ensemble de précautions **précède** ou **précèdent** le dynamitage.

h) Une meute de loups **suit** les caribous à la trace.

Exercice 4

a) Le cinéma ou septième art **continue** d'attirer les foules.

b) Une foule de curieux s'**approche** ou s'**approchent** de la scène de l'accident.

c) Je constate que ni mon cellulaire ni le tien ne **fonctionnent**.

d) Un troupeau de moutons **bloque** la circulation. (C'est l'ensemble des moutons qui bloque la circulation, et non pas chaque mouton pris individuellement.)

e) Ni toi ni moi ne **souhaitons** vendre cette belle maison en bord de mer où nous avons passé tous nos étés.

f) Une centaine d'habitants de ce village **se mobilisent** pour faire avorter le projet d'installation d'un gazoduc. (L'action de *se mobiliser* est réalisée par *les habitants*.)

g) Récurer, ou frotter, ne **sert** à rien pour faire disparaître ce type de taches incrustées.

h) Le banc de poissons **tente** ou **tentent** de fuir en vain les prédateurs qui le(s) harcèlent de toutes parts.

i) Une casquette ou un chapeau **est** nécessaire avec une telle canicule.

j) Ni vous ni nous ne **savons** par quel chemin il faut passer pour aller au chalet de Myriam.

Exercice 5

a) Serge et Annie te **conduiront** à l'aéroport.

b) Serge ou Annie te **conduira** à l'aéroport. (Il ne peut y avoir qu'un seul conducteur derrière le volant.)

c) Ni Serge ni Annie ne te **conduiront** à l'aéroport.

d) Un lot d'esquisses de Picasso **sera vendu / seront vendues** (selon le sens) aux enchères. (Il s'agit ici de savoir si le lot peut être divisé ou non pour la vente.)

e) La majorité des élèves **a fait** ses devoirs.

f) Une minorité d'élèves **a échoué / ont échoué** (selon le sens) à l'examen.

g) Le comité de parents **approuve** la réforme. (La décision est prise en groupe. Il ne s'agit pas de savoir ce que chaque parent pense de la réforme.)

h) Ce tas d'ordures **sera ramassé** bientôt.

i) Il a laissé tomber un sac de billes qui **ont roulé** par terre. (Un sac ne peut pas faire l'action de rouler. Il s'agit d'une caractéristique propre aux billes.)

j) Une nuée de monde **apparaît**. (Le mot *monde* est singulier. Or, un collectif au singulier suivi d'un complément au singulier impose un accord au singulier.)

k) Une nuée de gens **apparaît / apparaissent** (selon le sens).

l) Une partie du groupe **a couché** dans un autre hôtel.

m) Noémie, Christine et toi **irez** chercher Mélanie à la gare de Québec.

2. Distinguer le futur simple et le conditionnel présent (p. 50)
Exercice 1

a) Je ne **devrais** pas m'immiscer dans sa vie personnelle.

b) Je ne **pourrai**[1] sortir que si j'ai terminé mes devoirs.

c) Je **préférerais** boire du blanc plutôt que du rouge.

d) Je **serai**[2] au rendez-vous sans faute.

e) Je **tiendrai**[3] parole, c'est promis !

f) Je **tiendrais**[4] ma promesse si c'était possible.

g) Ce **serait** parfait si vous pouviez terminer le montage demain.

h) Si je gagnais à la loterie, je **voyagerais** six mois par année.

i) Je **serai** là demain.

j) Si nous vous engagions, quelles **seraient** vos conditions ?

1. Le fait de pouvoir sortir est une action à venir même si elle implique une condition. Le verbe doit donc être conjugué au futur simple.
2. Le locuteur parle d'une action future.
3. Le locuteur s'engage pour le futur.
4. Le locuteur exprime un regret et laisse entendre que l'action ne pourra sans doute pas être accomplie.

Exercice 2

a) « — T'es pas venue pour faire le ménage. T'es là pour prendre soin de m'man. Fais juste ça. Je m'**arrangerai** avec le reste. »

b) « — Je **voudrais**[1] pas trop vous déranger, madame Tremblay, fit l'autre, intimidé. »

c) « — Tu peux aller te coucher si tu veux. Je vais veiller au corps. Quand j'en **pourrai** plus, j'**irai** te réveiller. »

d) « — Si c'est juste pour l'argent, comme chez les Veilleux, que vous voulez pas, je **pourrais** toujours vous rembourser quand je **ferai**[2] l'école. »

e) « — Si elles étaient plus jeunes, je leur **sacrerais** la volée de leur vie pour leur apprendre à me respecter. »

f) « — Au fond, j'ai pas besoin de lui pour aller porter le grain. Il va juste m'aider à charger la voiture. Là-bas, je **trouverai** ben quelqu'un pour me donner un coup de main pour décharger. »

g) « — Ça m'adonne pas ben ben de payer en argent, dit sèchement le cultivateur, mais j'**irai** vous régler ça cette semaine au presbytère, si c'est la nouvelle règle. En même temps, j'en **profiterai** pour payer notre banc pour l'année. »

h) « — Pour votre cheville, c'est une sévère entorse. Marchez pas dessus. Attendez que ça guérisse. Je vous ai aussi fait quatre points de suture au front. Je **viendrai** vous les enlever quand ce sera le temps. »

i) « — T'**aimerais** pas ça rencontrer une bonne fille ? lui demandait parfois sa mère, un peu avant de mourir. »

j) « — Mais vous, madame Cournoyer, je vous admire d'accueillir comme ça, chez vous, une fille sortie d'un orphelinat. Moi, j'en **dormirais**[3] pas. »

k) « — Pourquoi je les **dérangerais**[4], m'man ? C'est pas eux autres que je vais voir, c'est leur fille. »

l) « — Moi, je me trouve bien comme je suis. Je vois pas pourquoi j'**endurerais** un mari et que j'**aurais** une trâlée d'enfants. »

m) « — Je lui ai dit que j'étais pour attendre chez nous jusqu'à la fin de l'après-midi et que si c'était pas calmé à ce moment-là, j'**attellerais** mes chiens à mon petit traîneau, comme je le fais chaque fois que les chemins sont laids, l'hiver. Je lui ai promis que je **viendrais** chercher les enfants pour les ramener chez eux. »

n) « — J'**haïrais** pas ça, mais ma femme va s'inquiéter de voir que je reviens pas. Ce **sera** pour une autre fois. »

o) « — Cette tempête-là m'a retardé d'une semaine dans ma tournée des paroisses, avait répliqué à son tour l'abbé Dorais. Normalement, aujourd'hui, je **devrais** être à la cathédrale, en train de voir à ce que la crèche de Noël soit bien installée. »

p) « — Je veux bien le croire, mais je **voudrais** pas que la guignolée devienne une affaire politique dans la paroisse. Il **manquerait** plus que ça. »

Michel David, *À l'ombre du clocher 1. Les années folles*, Éditions Hurtubise, 2006.

1. Le locuteur exprime une possibilité. Le verbe se conjugue donc au conditionnel présent.
2. L'éventualité du remboursement est conditionnelle à ce que la locutrice obtienne un emploi (action à venir). Voilà pourquoi le verbe *pouvoir* est conjugué au conditionnel présent tandis que le verbe *faire* l'est au futur simple.
3. La locutrice émet l'hypothèse que, si elle était à la place de madame Cournoyer, cela l'empêcherait de dormir. Le conditionnel présent, parce qu'il sert à évoquer une action qui pourrait se produire, est donc le mode à utiliser ici.
4. Le locuteur suppose qu'il ne dérangera pas les gens chez qui il se rend. Le conditionnel présent est donc encore de mise.

3. Distinguer le participe présent de l'adjectif verbal (p. 52)
Exercice 1

	Variable	Invariable
a) Il a un regard **fuyant**.	☑	☐
b) Il courait, **fuyant** les soldats ennemis.	☐	☑
c) Ce potage est trop **brûlant** pour être mangé.	☑	☐
d) Elle s'est blessée en se **brûlant** grièvement.	☐	☑
e) Il avance vers moi, ne **riant** pas du tout.	☐	☑
f) Le regard **riant**, il me fit un clin d'œil.	☑	☐
g) Elle racontait son histoire avec son accent **chantant**.	☑	☐
h) Il marchait en **chantant** pour se donner du courage.	☐	☑

Exercice 2

a) « Les rations étaient copieuses, car les futurs esclaves devaient être en parfaite santé. En effet, au cours des jours **suivants**, ils seraient présentés aux acheteurs, sans compter qu'il leur faudrait supporter un long voyage en mer. »

b) « **Confiants**, les autres enfants leur emboîtèrent le pas. »

c) « Lygaya sentit la peur l'envahir. Cet homme lui déplaisait, car ses yeux **perçants** trahissaient sa cruauté. »

d) « Ce soir-là, Lygaya s'endormit heureux. Il savait que, dorénavant, il ne serait plus seul… Il avait un ami. En **fermant** les yeux, il songea à cette journée. »

e) « De jeunes esclaves allaient et venaient, **portant** des paniers remplis de linge qu'elles déposaient sur l'herbe verte pour le faire sécher. »

f) « Dans le hall d'entrée, le sol était recouvert d'un immense tapis de laine nouée aux couleurs **éclatantes**. Sanala le contourna, n'**osant** poser ses pieds dessus. »

g) « La tante Marie lui sourit. Ses yeux noirs étaient **pétillants** de malice. »

h) « Un matin du onzième mois, le heurtoir de la porte résonna dans toute la maison, **troublant** le silence **pesant** qui y régnait. »

i) « Ton père et celui du jeune Pierre m'ont offert une grosse récompense si je vous ramenais **vivants**. »

j) « Le village était endormi, c'était l'heure de la sieste ; tout était calme. Il faisait une chaleur **écrasante**. »

k) « — Allez dehors, vite ! Vite ! dit-il dans leur langue en les **poussant** vers l'extérieur. »

l) « En l'**embrassant**, elle lui murmura quelques mots en bantou, la langue de sa tribu :
— Où que tu sois, n'oublie jamais que tu es dans mon cœur, près de moi. »

m) « — Je l'achète pour deux barils et un fusil, dit l'autre, tout en **inspectant** les yeux, les mains, les dents et en **palpant** les bras de Sanala. »

Andrée-Paule Mignot, *Lygaya, l'enfant esclave*, Éditions Hurtubise, 2006.

corrigé

4. Accorder les participes passés sans auxiliaire (p. 54)

Exercice 1

a) Ces chiots ont été vendus à peine **sevrés**.

b) Dans le tiroir de la commode se trouvent des chemises et des chandails impeccablement **pliés** et sur un cintre, dans le placard, des cravates **suspendues**.

c) Nous avons terminé notre pique-nique sous un ciel **ennuagé**.

d) Enfant, j'adorais Noël pour la dinde et la bûche **dégustées** en famille, la longue veillée, ainsi que les cadeaux tant **attendus** et si vite **déballés**.

e) Étienne, Karine et Isabelle se turent d'un coup, **abasourdis**.

f) Les randonneurs **portés disparus** ont été retrouvés sains et saufs.

g) Leur mission **accomplie**, les soldats **épuisés** purent retourner à leur campement.

h) Leurs tâches **terminées**, les cultivateurs se reposent, confortablement **étendus**, dans l'herbe fraîchement **coupée**.

i) Marie, **assise** devant son miroir, sèche ses cheveux **mouillés**.

j) Une fois la lampe **éteinte**, il s'étendit sur le flanc et, **écrasé** de fatigue, s'endormit en moins d'une minute.

Exercice 2

a) **Entourée** des membres de sa famille, la présidente est apparue brièvement devant la foule.

b) Deux individus **masqués** se sont introduits par le toit de la banque et ont fracturé sans peine les portes **blindées** des coffres.

c) **Tombé** du nid, l'oisillon n'a que peu de chances d'atteindre l'âge adulte.

d) **Émerveillée** par ce concert, elle rentra chez elle en se promettant de recommencer à jouer du piano.

e) Les petites luttes ordinaires, **gagnées**, **perdues** ou **abandonnées** en cours de route parce que la vie prend un nouveau cours, avaient façonné son quotidien.

f) Les gazelles, les zèbres, les gnous, **alertés** par cette odeur de fauve, restent immobiles, guettant le mouvement qui amorcera l'attaque.

g) Le castor construit sa hutte à l'aide de branchages **entrecroisés** et de boue.

Exercice 3

« Mais tout cela n'était rien en comparaison de la créature repoussante qui se tenait devant lui, une expression qui frôlait l'extase sur le visage. L'homme semblait aussi vieux que la grande ziggourat. Son dos **voûté** le forçait à marcher **plié** en deux. Ses cheveux blancs, gras et **emmêlés**, lui descendaient jusqu'aux cuisses. Ils encadraient ce qui n'avait plus de visage que le nom. On aurait dit que des insectes en avaient dévoré tout ce qui dépassait. Là où son nez aurait dû se trouver, il n'y avait qu'une ouverture triangulaire d'où s'échappaient un mucus gluant et une respiration sifflante. Ses paupières **disparues** laissaient perpétuellement **ouverts** des yeux **recouverts** d'un épais film laiteux qui ne voyaient plus depuis des décennies. Ses lèvres **décharnées retroussées** en une grimace permanente expliquaient l'étrange prononciation du personnage. Elles laissaient paraître des gencives épaisses et quelques dents **gâtées**. Ses mains n'étaient plus que d'affreux moignons dont tous les doigts, sauf le pouce et l'index, s'étaient détachés. "La lèpre", réalisa Manaïl, un frisson de terreur lui parcourant le dos. Cet homme avait la lèpre! Il ignorait comment on attrapait cette maladie, mais il savait qu'on ne devait pas approcher ceux qui en étaient porteurs.

Vêtu d'une simple peau de bête crasseuse **retenue** à la taille par un cordon, l'individu avait le torse et les pieds nus. D'une maigreur squelettique, son corps était recouvert de plaies **ouvertes** d'où s'écoulait un pus épais et jaunâtre. Manaïl eut un haut-le-cœur et détourna la tête pour vomir. »

Hervé Gagnon, *Le Talisman de Nergal 1. L'Élu de Babylone*, Éditions Hurtubise, 2008.

5. Accorder les participes passés avec l'auxiliaire *être* ou un autre verbe attributif (p. 56)

Exercice 1

a) Betty, Jennifer et moi sommes vite **devenues** des amies inséparables.

b) Elle et lui restèrent **démunis** devant tant de mauvaise foi.

c) Jusqu'à présent, vous et lui étiez pourtant **satisfaits** de leurs services.

d) Les gens semblent **persuadés** que l'enquête en cours prouvera son innocence. En fait, tout le monde est **convaincu** que le coupable est toujours en liberté.

e) Le patineur et la patineuse paraissent **déçus** des notes attribuées par les juges.

f) Ni l'entrée ni le dessert ne sont **réfrigérés**.

Exercice 2

a) De la truite ou de l'agneau est **offert**[1] en table d'hôte.

b) L'ensemble de ces robes sera **envoyé** à notre atelier montréalais.

c) La panthère des neiges ou once[2] est **pourvue** d'un magnifique pelage.

d) Une multitude de personnes[3] sont **descendues** manifester dans les rues dès qu'on a annoncé l'assassinat du premier ministre.

e) Une armée d'acheteurs est **massée** le long de la vitrine du grand magasin qui ouvrira bientôt ses portes.

1. La conjonction *ou* exprime une alternative, ce qui explique l'accord du verbe au singulier. Par ailleurs, le genre masculin l'emporte.
2. Quand la conjonction *ou* introduit un synonyme, l'accord se fait avec le premier élément nommé.
3. Dans cet énoncé, le locuteur a voulu insister sur les individus et non sur la foule. Voilà pourquoi le verbe s'accorde avec le nom *personnes*.

Exercice 3

a) « Je n'étais jamais entrée dans une boutique, aussi y pénétrai-je bien timidement. La rigueur de l'ordre qui y régnait m'impressionna. À droite, derrière le comptoir sur lequel **étaient étalées**[1] deux peaux de renard roux, une dame entièrement vêtue de noir discutait avec un chaland. Sur la gauche, étalés sur toute la surface du mur, des rangs de cartons ronds se superposaient jusqu'au plafond. Au fond, trois robes et une capeline **étaient suspendues** aux crochets du rideau qui dissimulait vraisemblablement une arrière-boutique. »

b) «Les bougies des chandeliers **étaient fondues**[2] de moitié et j'étais à m'émerveiller des coulis enchevêtrés les uns dans les autres quand sa voix chétive m'interpella.»

c) «Je crus défaillir et me tournai instinctivement vers Noémie, cherchant à dissimuler mon malaise. Elle ne me fut d'aucun secours. Son visage aussi rouge que les habits d'un roi **était figé**[3] d'effroi.»

d) «Au mur, au-dessus du lit, **étaient fixés** mes deux dessins.»

e) «Chaque article était à sa place et deux assiettes d'étain **étaient déposées** sur la nappe entre les coupes et les cuillères.»

Nicole Fyfe-Martel, *Hélène de Champlain 1. Manchon et dentelle*, Éditions Hurtubise, 2003.

1. Le sujet (*deux peaux de renard roux*) se trouve ici après le participe passé.
2. Ce sont bel et bien les bougies, et non les chandeliers, qui sont fondues.
3. C'est le visage de Noémie qui est figé et non les habits du roi.

6. Accorder les participes passés avec l'auxiliaire *avoir* (p. 58)

Exercice 1

a) Ils nous ont offert un délicieux porto.
   ☑ CD après le verbe   ☐ CD avant le verbe

b) Ce porto qu'ils nous ont offert était délicieux.
   ☐ CD après le verbe   ☑ CD avant le verbe

c) Nous avons encouragé Benoît dans ses démarches.
   ☑ CD après le verbe   ☐ CD avant le verbe

d) Nous l'avons encouragé dans ses démarches.
   ☐ CD après le verbe   ☑ CD avant le verbe

e) La chenille qui a élu domicile dans mon lys est des plus nuisibles.
   ☑ CD après le verbe   ☐ CD avant le verbe

f) Nos amis ont adopté un petit garçon colombien.
   ☑ CD après le verbe   ☐ CD avant le verbe

g) Nos amis ont adopté un petit garçon qu'ils ont ramené avec eux de Colombie.
   ☐ CD après le verbe   ☑ CD avant le verbe

h) L'air qu'elle nous a fredonné m'a rappelé des souvenirs.
   ☐ CD après le verbe   ☑ CD avant le verbe

Exercice 2

Encore une fois, Martin et moi **avons aidé** Nicolas et Florence à déménager. Mais nous les **avons avertis** que, cette fois, ils avaient intérêt à demeurer au moins deux ans dans leur nouvel appartement! Ils ont vraiment la bougeotte... Enfin, ce sont nos amis et ils nous **ont rendu** de nombreux services eux aussi. Après le déménagement, ils nous **ont invités** dans un petit restaurant mexicain où nous **avons mangé** de succulents quesadillas et tacos. Ces mets ont été engloutis[1] le temps de le dire! Bien entendu, nous **avons trinqué** à la santé de nos amis. Nous **avons profité** de ce toast pour leur souhaiter beaucoup de bonheur dans leur nouveau nid, histoire qu'ils y demeurent un certain temps! Florence nous **a regardés**: une vague de bonheur **a envahi** son regard et elle nous **a annoncé** que Nicolas et elle attendaient un enfant! Je l'**ai enlacée** en la félicitant.

2. RÉINVESTISSEMENT*

A. DICTÉES DE SYNTHÈSE
Dictée 3 | Orthographe lexicale (p. 60)

En entrant dans la pièce, l'inconnu le dévisagea. Voyant cela, le vieillard pria l'homme de s'asseoir et fit signe à l'enfant de servir le thé. Enfin, le vieil homme rompit le premier le silence :

— On me dit que tu veux me voir et que tu viens de loin. Que veux-tu ?

— Je suis capitaine d'un navire négrier. Je cherche des esclaves. On m'a dit que tu en avais à vendre.

— Qui t'a dit cela ?

— Un père trinitaire qui vit à El Djazaïr depuis trois mois. Il rachète des esclaves blancs.

— Oui, effectivement, il est déjà venu me voir. Mais tu es mal informé, je ne vends pas d'esclaves. Vers quels pays navigues-tu ?

— L'Amérique. Les Caraïbes…

Geoffroy, toujours debout près de son maître, semblait ne prendre aucun intérêt à la conversation. Lorsqu'il entendit prononcer le mot «Caraïbes», son regard s'agrandit. Il se sentit un instant défaillir. L'homme aux cheveux gris s'en aperçut mais ne sourcilla pas. Il continua de parler avec son hôte, comme s'il n'avait pas remarqué le trouble du jeune homme.

— On m'a dit aussi que tu as deux esclaves européens, ajouta-t-il.

— On t'a dit beaucoup de choses sur mon compte. Que veux-tu savoir d'autre ?

— As-tu acheté deux jeunes Européens ?

Andrée-Paule Mignot, *Lygaya, l'enfant esclave*, Éditions Hurtubise, 2006.

Dictée 4 | Orthographe grammaticale (p. 61)

Zanny ne le croyait pas. On n'entre pas dans la maison de quelqu'un pour la mettre sens dessus dessous sans avoir la moindre idée de ce qu'on cherche !

— Je vous conseille de me dire ce que vous cherchez. Sinon, j'appelle la police pour leur dire que je vous ai surpris en train d'entrer par effraction !

L'agent Wiley eut un sourire indulgent.

— Tu ne peux pas appeler les flics, Zanny. Les flics, c'est *moi*. Écoute, je sais que c'est ta maison. Mais j'ai un travail à faire. Et le meilleur conseil que je peux te donner, c'est de me laisser le faire.

Zanny tremblait de rage et de peur. Elle voulait qu'il s'en aille. Mais surtout, elle voulait des réponses à ses questions.

— Qu'est-ce que vous cherchez ici ? Sur quoi enquêtez-vous ?

— Il s'agit d'une enquête fédérale confidentielle. Je n'ai pas à te révéler quoi que ce soit. Mais je vais te le dire, Zanny, parce que j'estime que tu as le droit de savoir.

Son consentement subit la prit par surprise. Tout à coup, elle n'était plus sûre de vouloir en savoir plus.

— Ça ne t'a jamais frappée, demanda-t-il, tous ces déménagements avec ton père pendant toutes ces années ? Je parie que vous avez changé si souvent de place que tu ne te souviens même pas de toutes.

corrigé

Zanny resta muette. Wiley hocha la tête.

— Je parie aussi que ton père ne se faisait pas beaucoup d'amis, reprit-il. Et quand toi, tu t'en faisais, je parie qu'il leur posait un millier de questions. Je me trompe ?

Zanny essayait de paraître indifférente. Ce n'était pas facile.

Norah McClintock, *Double meurtre*, « Fausse identité », Éditions Hurtubise, 2008.

Dictée 5 | Accords en genre et en nombre (p. 62)

Chaque fois que je pénètre dans ce magasin qui vend du matériel pour artistes, je me dis que je devrais faire demi-tour. Je ne peux en effet résister à la tentation de tout acheter. J'entre là pour me procurer des toiles et des pinceaux et j'en sors avec une boîte de pastels semi-tendres et des encres à dessin sanguines, or et bleu outremer. Chaque section de ce magasin est un appel à dépenser… Toutes ces perles multicolores et semi-précieuses, tous ces papiers de riz jaune vif, verts ou crème, même ces ensembles de calligraphie, ces articles me tentent tous désespérément ! J'aime aussi rêver, les yeux mi-clos, dans la section du *scrapbooking*. Cet art si populaire est à l'origine de véritables petits chefs-d'œuvre qui témoignent des moments importants de la vie des gens. De tous ces petits riens ou ces grandes occasions qui forgent les plus beaux souvenirs. J'ai même commencé un album qui raconte nos dernières vacances. Mon mari, les enfants et moi avions loué un chalet au bord de la mer. C'était fabuleux ! Alors que nous dégustions tantôt des cafés-crème, tantôt des eaux-de-vie sur la terrasse, nos enfants, Simon et Chloé, jouaient sur la plage. Ils faisaient d'innombrables va-et-vient pour nous montrer leurs trouvailles : des demi-douzaines de coquillages nacrés, des éclats de verre polis par l'onde et les mêmes algues que l'on retrouve un peu partout sur le littoral. Nous leur avions acheté deux beaux cerfs-volants avec lesquels ils se sont beaucoup amusés.

— Excusez-moi, madame…

Oups ! Je bloque le passage à une employée qui tire un lourd chariot à demi rempli de boîtes. Me voici revenue à la réalité, ici même à Montréal. Mais ce n'est pas du tout grave, car j'ai beaucoup d'autres allées à parcourir…

Dictée 6 | Conjugaison et accord des verbes (p. 63)

La salle de traite est pleine à craquer. Au cours de l'après-midi, Sam et moi avons fait de la place en rangeant toute la marchandise le long des murs, dans les coins et en un îlot au centre. À cette période de l'année, le comptoir est rempli de produits de toutes sortes.

Ce soir, il y a des Anishnabés assis sur des sacs de farine Robin Hood, des poches de jute remplies de haricots secs, des « quarts » de lard salé, des chaudières en tôle de pommes sèches, des caisses de lait Carnation. Mais la majorité d'entre eux a choisi de s'adosser le plus confortablement possible contre le mur, assis à plat sur le plancher fait de grosses planches équarries. Il y a tellement de jambes croisées et allongées qu'il est pratiquement impossible de traverser la salle d'un bout à l'autre sans écraser quelqu'un ou trébucher. Les personnes âgées sont assises sur des bûches que nous avons placées en avant, expressément pour elles. De toute façon, une fois que chacun a trouvé une place à son goût, il l'occupe pour la soirée et ne bouge plus.

Michel Noël, *Hush ! Hush !*, Éditions Hurtubise, 2006.

B. DICTÉES DE RÉINVESTISSEMENT

Dictée 7 | *Les insectes* (p. 64)

Dans la vie urbaine d'aujourd'hui, nos contacts avec les insectes se raréfient de plus en plus. À part les quelques espèces qui persistent à cohabiter avec nous, les insectes n'ont plus de réalité pour la plupart d'entre nous.

Il n'en fut pas toujours ainsi et les sentiments entretenus par les humains à leur égard ont beaucoup varié à travers les âges et les lieux, selon l'insecte en cause bien sûr, mais surtout selon le contexte culturel d'où émanait l'interprétation qu'on s'en faisait. La réaction a pu osciller entre la peur et la répugnance en allant jusqu'à l'admiration attendrie ou extatique et même jusqu'à la vénération.

En grande part, les mythes, légendes, cultes et croyances populaires tendent à rattacher les insectes à « un autre monde » plus qu'au nôtre. Les insectes qui ont attiré l'attention pour les raisons les plus diverses ont souvent laissé l'observateur surpris ou médusé devant cette présence étrange, mystérieuse et « apparitionnelle » qu'est un grand papillon de nuit posé sous un lampadaire ou une cicindèle iridescente brillant de tous ses bleus et ses verts métalliques au milieu d'un sentier caillouteux, ou encore un sphinx vrombissant à la tombée du jour parmi les fleurs du lilas et… aussitôt disparu.

Étranges et étrangers sont les insectes ! Peut-être parce qu'ils sont loin de nous par constitution.

Mystérieux aussi parce qu'ils savent être là sans être vus, en prenant astucieusement la forme et la couleur de feuilles vertes ou brunies, d'écorce recroquevillée ou de brindilles cassées, parce qu'ils savent apparaître ou disparaître d'un bond ou d'un coup d'ailes, surgis de nulle part et repartis aussi vite là d'où ils venaient…

Jacques de Tonnancour, *Les insectes. Monstres ou splendeurs cachées*, Éditions Hurtubise, 2002.

Dictée 8 | *Les emporte-pièces de Cathy* (p. 65 et 66)

Les **emporte-pièces** de Cathy. Blogue de recettes.

J'ai préparé ce gâteau avec ma fille de 10 ans et **demi**. Elle avait invité des amies pour un pyjama-party et elles ont mangé ce gâteau avec un verre de lait devant la télé. Elles l'ont dévoré !

Gâteau au chocolat irrésistible

Ingrédients

1 tasse de farine

¾ de tasse de sucre

⅓ de tasse de cacao non sucré

1 cuillère à café de levure chimique

¾ de cuillère à thé de bicarbonate de soude

¾ de tasse de mayonnaise

¾ de tasse d'eau

1 œuf

1 tasse de grains de chocolat **mi-sucré**[1]

Mélanger les cinq premiers ingrédients après les avoir **tamisés**. Incorporer la mayonnaise, puis l'eau et l'œuf. Le mélange doit être **remué** jusqu'à ce que vous obteniez une consistance lisse. Incorporer une demi-tasse de grains de chocolat. Verser dans un moule à gâteau rond de 9 po (22 cm). Disperser les grains **restants** sur la pâte. Cuire à 350 °F (180 °C) entre 35 et 40 minutes.

1. C'est le *chocolat* qui doit être *mi-sucré*.

Commentaires

> **Isa**
>
> Mes enfants et moi avons **adoré** ce gâteau! J'aurais dû leur en cuisiner deux, ils sont tellement gourmands!

> **Suzanne**
>
> Ce gâteau est délicieux. Je l'ai préparé pour **Pâques**. Je l'ai servi coupé en tranches que j'avais **décorées** avec des œufs miniatures en chocolat.

> **Nick**
>
> Cuisiner ce gâteau est devenu un plaisir en **soi**. Je vis seul avec mon fils et grâce à cette recette ma maison est **devenue** le point de ralliement de ses amis, le mercredi après-midi. Je **leur** sers ce dessert avec du caramel.

> **Mmmm.**
>
> **Qui l'**[1] eût cru?! Depuis quand met-**on** de la mayonnaise dans un gâteau?

> **Clafoutis**
>
> Ce gâteau, on en mangerait tout le temps. **On n'**[2] a jamais de restes! Mmmm., tu devrais l'essayer, **sans** quoi tu vas manquer quelque chose. Je te le **garantis**[3].

> **Mmmm.**
>
> **Quant** à moi, un gâteau, ça doit contenir des œufs et du lait. Je crois qu'il faut s'en tenir à des ingrédients traditionnels en matière de pâtisserie. Nos **grands-mères mêmes** approuveraient.

> **Christine**
>
> J'habite en banlieue **parisienne**. En France, la mayonnaise est **moutardée**. Alors, je me demande de quoi vous parlez… Quelqu'un peut-il m'éclairer?

> **Cathy**
>
> Je parle de mayonnaise commerciale. Au Québec, ce produit est **sucré**. On peut choisir **soit** une mayo régulière, **soit** une mayo allégée en matières grasses. Les résultats sont les **mêmes**.

> **Christine**
>
> Merci! Je **désire**[4] vraiment essayer cette recette…

> **Caro**
>
> J'ai un fils allergique au lait. J'ai remplacé le lait par de l'eau. J'ai même trouvé des grains de chocolat **sans** produits laitiers. Les yeux de mon petit Félix brillaient de bonheur **quand** il a vu **qu'il** pourrait manger un gâteau au chocolat. Mille fois merci!

> **Stéphane**
>
> Cette recette a été **à demi** réussie. La pâte n'a pas **levé**. Par contre, le gâteau avait très bon goût et curieusement il était d'une texture **semi-moelleuse**.

> **Canneberge**
>
> Excellent gâteau. Mais il faut bien attendre qu'il ne **soit** plus chaud pour le servir, sinon il se défait.

> **Mamie Alice**
>
> J'aime ces recettes qui sont des **passe-partout** et qui deviennent des classiques. Bravo!

1. L'expression *qui l'eût cru?* signifie *qui eût cru cela?* Le pronom personnel *le* élidé (*l'*) remplace le pronom *cela*.
2. L'utilisation du marqueur de négation *jamais* impose l'ajout de la négation *ne* après le pronom *on*.
3. Il ne faut pas confondre le nom *garantie* et le verbe *garantir*.
4. Il ne faut pas confondre le nom *désir* et le verbe *désirer*.

Dictée 9 | *Le Talisman de Nergal* (p. 67)

Le soleil plombait et une odeur de sueur, d'épices, de parfum et de crasse flottait sur la foule. Le son des flûtes et des tambourins annonça bientôt l'approche de la procession. Cent cinquante musiciens avançaient au rythme d'un air enjoué. Ils furent suivis de régiments entiers de soldats représentant les quatre coins de l'Empire babylonien, des frontières de l'Égypte à celles de l'Anatolie et de la Perse. Pour la circonstance, ils avaient revêtu leurs uniformes d'apparat et leurs armes soigneusement astiquées reflétaient les rayons de Shamash. Malgré la chaleur de plus en plus étouffante et la poussière qu'ils soulevaient, ils maintenaient une vigoureuse cadence. Des centaines de danseuses leur succédèrent. Vêtues de tuniques colorées et agitant des foulards diaphanes, elles tournoyaient joyeusement en progressant vers le temple d'Ishtar.

La procession prit une tournure plus solennelle. Pendant que les musiciens, les soldats et les danseuses se disposaient en rangs devant le temple, des centaines de jeunes filles s'avancèrent sur la Voie Sacrée. Manaïl les observa avec ravissement. L'air détaché et grave, elles regardaient droit devant elles, répandant des pétales de fleurs qu'elles puisaient dans un panier d'osier comme Ishtar distribuait l'amour et la fertilité. Vêtues de tuniques blanches qui leur descendaient jusqu'aux pieds et traînaient sur deux coudées à l'arrière, elles étaient toutes d'une rare beauté. Ces jeunes vierges avaient été consacrées au culte de la déesse. Elles deviendraient un jour des prêtresses. Cloîtrées dans le temple, elles n'en sortaient qu'en de rares occasions.

Hervé Gagnon, *Le Talisman de Nergal 1. L'Élu de Babylone*, Éditions Hurtubise, 2008.

corrigé

Dictée 10 | *Lygaya, l'enfant esclave* (p. 68)

Le bateau navigua durant plusieurs semaines qui furent un enfer pour les passagers enchaînés les uns aux autres. Dans l'obscurité la plus totale, aucun d'eux ne pouvait se déplacer et une forte odeur d'urine, d'excrément et de sueur avait envahi la cale du navire.

Un soir, alors que les prisonniers somnolaient, un bruit infernal résonna à travers la coque du navire. Les enfants sursautèrent.

— Qu'est-ce que c'est? demanda Lygaya.

— Je reconnais le bruit de l'ancre. Nous sommes arrivés! répondit le petit mousse, au courant de tout ce qui concernait les manœuvres du bateau.

— Où sommes-nous? demanda Geoffroy.

— Sans doute à El Djazaïr, répondit Lygaya.

— Alors, nous sommes perdus, dit le petit mousse.

— Pourquoi perdus? demanda Pierre.

— Parce que si nous sommes à El Djazaïr, nous allons être vendus comme esclaves.

Ils passèrent la nuit dans l'attente, anxieux de ce qui pouvait leur arriver.

Vers six heures du matin, la porte de la cale s'ouvrit sur cinq corsaires barbaresques, armés de sabres et de fouets.

Les prisonniers furent rassemblés sur le pont, puis alignés côte à côte. Deux marins étaient chargés de remplir des seaux d'eau de mer, alors qu'un troisième avait reçu l'ordre d'asperger les captifs pour les nettoyer de la crasse accumulée durant le voyage.

Au loin, la ville d'El Djazaïr dominait la rade où une multitude de navires étaient ancrés.

Andrée-Paule Mignot, *Lygaya, l'enfant esclave*, Éditions Hurtubise, 2006.

Dictée 11 | *Pirates 1. L'Île de la Licorne* (p. 69)

Chez la quarantaine d'adultes qui forment le gros de l'équipage, on retrouve des aventuriers venus de tous les coins de la France, de l'Italie, de la Grèce, de l'Espagne même, enrôlés au gré des raids, convertis à la piraterie après avoir déserté une marine régulière ou avoir commis un crime dans la vie civile. Parmi les Espagnols, il y a un certain Pedro, un Catalan qui s'entend avec Alfonso, un Galicien, comme larrons en foire. Pour ces deux forbans, aborder un galion du royaume de Castille ou d'Aragon et massacrer son équipage n'est en rien un crime antipatriotique; leur pays, c'est la mer, et leur allégeance va au capitaine qui leur offre les meilleurs gages. Voilà. Et cette mentalité se retrouve également chez leurs compagnons des autres nationalités. La haine, donc, que toute cette compagnie entretient à l'égard des colons et des marchands espagnols ne provient pas d'un excès de nationalisme ou d'une répugnance vis-à-vis de leur façon de traiter les Indiens. Ils haïssent les Espagnols parce que ce sont eux qui détiennent les richesses du Nouveau Monde. S'ils pouvaient leur arracher toutes leurs possessions pour les exploiter à leur place, au détriment toujours des populations de Naturels, ils le feraient. Si, au hasard de nos traversées, nous croisions un vaisseau portugais, anglais ou français soupçonné de transporter des richesses, ils l'attaqueraient aussi. Le pirate n'est pas né pour l'altruisme, mais pour piller et détruire, voler et tuer.

Camille Bouchard, *Pirates 1. L'Île de la Licorne*, Éditions Hurtubise, 2008.

Dictée 12 | *Hush! Hush!* (p. 70)

Monsieur Saint-Amour a fait des calculs. Selon lui, un chien en santé peut aisément transporter sur son dos l'équivalent de son poids, soit environ soixante livres. Sur un bon traîneau aux «lisses» polies, il peut tirer une charge de cent livres pendant plusieurs heures sans s'épuiser. Avec ses treize chiens, monsieur Saint-Amour pourrait traîner plus d'une demi-tonne de marchandises. C'est ce que font les prospecteurs, les arpenteurs, même qu'ils en mettent encore plus sur le dos des chiens. Mais ce n'est pas ce qui intéresse monsieur Saint-Amour. L'homme aime voyager léger, transportant le strict nécessaire à sa survie et à sa subsistance. Ce qui le passionne, c'est la rapidité. Il adore la vitesse!

Sur la glace de l'immense réservoir Cabonga, le *watchman* s'est tracé, juste en amont du barrage, une piste en boucle de cinq milles. Tous les matins, beau temps mauvais temps, il lance ses chiens à toute allure et se chronomètre sur sa montre-bracelet.

Tous les quinze jours ou à peu près, monsieur Saint-Amour entreprend un aller-retour de sa petite cabane de *watchman*, isolée dans l'immense forêt, jusqu'au poste de la H.B.C.

On n'a pas le temps de s'ennuyer sur la piste. Il faut être aux aguets, flairer le vent, surveiller les nuages, prévoir les tempêtes, déjouer la poudrerie. On a du plaisir à crier aux chiens. On fait une équipe unie, solide, au point d'oublier les engelures aux pieds et aux mains, les muscles endoloris.

Courir et courir sans cesse, sans penser à autre chose, c'est devenir vent, poudrerie et chien de traîneau nous aussi.

Michel Noël, *Hush! Hush!*, Éditions Hurtubise, 2006.

Dictée 13 | *Hélène de Champlain 1. Manchon et dentelle* (p. 71)

Je n'eus d'autre choix que de supplier mon père de m'accorder le privilège de l'accompagner au Louvre où il officiait tous les matins. Ma requête le surprit et l'embarrassa. Il n'était pas de mise qu'une dame déambule seule dans les couloirs du palais. Mon insistance vint à bout de son scrupule.

— Soyez brève et discrète: les visiteurs ne sont pas les bienvenus aux ateliers du Roi. Nous demanderons à Paul de vous attendre du côté de la rue d'Autriche. Quand vous en aurez terminé, il vous raccompagnera.

Les carillons des cent églises de Paris sonnaient les sept heures lorsque nous franchîmes les ponts-levis donnant accès au palais. Nous passâmes sans encombre devant les gardes suisses dignement vêtus de casaques rouges et de culottes blanches. L'embarras nous vint lorsqu'il nous fallut traverser la bourdonnante foule entassée dans la cour intérieure du quadrilatère constitué par les bâtiments du Louvre. Valets, soldats et commis se hâtaient vers les régions de leur service, bousculant au passage les courtisans dont les extravagants panaches multicolores marquaient les soubresauts de leurs dandinements. Il nous fallut une première demi-heure pour atteindre un gigantesque escalier au centre de l'aile occidentale. La rumeur des gens s'y étant engouffrés était telle que je ne pus comprendre la remarque de mon père.

— Vous dites, père? J'ai du mal à vous entendre.

— L'escalier d'Henri II, répéta-t-il se penchant vers moi. Nous devons nous y faufiler.

Des grappes de raisin sculptées dans le marbre couraient tout au long de la voûte richement ouvragée de parures dorées.

Nicole Fyfe-Martel, *Hélène de Champlain 1. Manchon et dentelle*, Éditions Hurtubise, 2003.

Dictée 14 | *À l'ombre du clocher 1. Les années folles* (p. 72)

Au village de Saint-Jacques-de-la-Rive, la soirée de la veille de Noël était sûrement la seule de l'année où il régnait une telle activité. Dès dix heures, les membres de la chorale s'étaient engouffrés dans l'église pour une dernière répétition. Une demi-douzaine de paroissiens les avaient suivis pour aller se confesser au curé Lussier. Déjà, des berlots, des sleighs, de gros traîneaux et quelques catherines étaient garés devant le temple. Quelques conducteurs avaient eu la sagesse de s'entendre au préalable avec des amis, des parents ou des connaissances vivant au village pour abriter leur cheval dans leur écurie, le temps de la cérémonie. Ils revenaient lentement à pied sur la route, se rangeant prudemment le long du banc de neige quand ils entendaient les grelots d'une sleigh qui approchait.

À onze heures et demie, il ne restait plus une place assise libre dans l'église. Les bancs avaient été pris d'assaut par leurs locataires et leurs invités avaient tant bien que mal trouvé des places ailleurs. Déjà, les marguilliers, chargés de trouver des sièges aux fidèles demeurés debout à l'arrière, ne savaient où donner de la tête et patrouillaient sans cesse chacune des trois allées, à la recherche de places libres.

Quand le curé Lussier pénétra dans le chœur, encadré par ses deux servants de messe, la chorale entonna le chant d'entrée avec une force qui fit vibrer les vitraux. À l'arrière de l'église, une trentaine d'hommes se tenaient debout. Certains d'entre eux avaient cédé leur place assise à des femmes, poussés autant par esprit de galanterie que par le secret désir de s'esquiver à l'extérieur durant le sermon de leur pasteur pour fumer ou boire un coup.

Michel David, *À l'ombre du clocher 1. Les années folles*, Éditions Hurtubise, 2006.

Dictée 15 | *Les Templiers du Nouveau Monde* (p. 73)

Le chevalier Raimon vint rejoindre Guillabert. À les voir côte à côte, grands et blonds comme des Normands, on aurait facilement pu les croire cousins. Leur âge similaire avait estompé l'antipathie mutuelle de leur première rencontre.

— Beauséant, mon frère, l'aborda gaiement le moine chevalier. Pas trop fatigué, ce matin ?

Guillabert fronça les sourcils. Bien qu'il ne soit devenu qu'un simple affilié des Templiers, ceux-ci l'appelaient « frère » au même titre que s'il était un des leurs. Il parvenait mal à s'habituer à la singulière familiarité, mais se tut de peur d'indisposer Raimon. Conformément à leur doctrine égalitaire et ascétique, celle-là même qui avait provoqué la haine de l'Église catholique et la croisade des Albigeois deux siècles plus tôt, ces Templiers disciples des Cathares devaient respecter des règles strictes, basées elles-mêmes sur celles de la primitive Église du Christ. Ils s'appelaient donc entre eux frères et sœurs, faisaient le vœu

de chasteté, soignaient les malades, s'appliquaient à se servir et à se consoler les uns les autres. Les chevaliers avaient adhéré à cette doctrine après leur expulsion de Jérusalem, mais avaient pourtant été considérés par le pape Innocent III comme de purs hérétiques.

— Si l'amiral maintient ce rythme de croisière, notre traversée prendra trente jours tout au plus, s'égaya Raimon.

— En effet, cette mer d'huile me paraît bien douce si on la compare aux vagues brisantes de la Méditerranée.

— C'est que vous ne la connaissez pas par gros temps et dans ses mauvais jours. Avez-vous beaucoup voyagé ?

— J'ai pu visiter la France et l'Espagne, mais sans jamais affronter les mers du Nord. On dit qu'elles sont terribles.

Sylvie Brien, *Les Templiers du Nouveau Monde*, Éditions Hurtubise, 2006.

Mots croisés (p. 74)

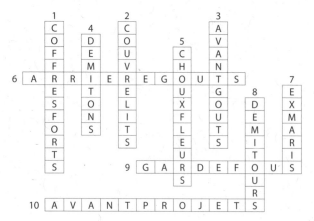

* La plupart des textes de cette partie comportent des coupures. Pour ne pas nuire à la lecture pendant la dictée, ces coupures n'ont pas été indiquées au fil des textes.

NOTES

NOTES